FROM TULIPS TO
BITCOINS

A HISTORY OF FORTUNES MADE AND
LOST IN COMMODITY MARKETS

商品投机
400年

从郁金香到比特币

〔德〕托斯滕·丹宁 著

张 翎 译

浙江人民出版社

图书在版编目（CIP）数据

商品投机400年：从郁金香到比特币 ／（德）托斯滕·
丹宁著；张翎译. -- 杭州：浙江人民出版社，2023.9
（2025.4 重印）
ISBN 978-7-213-11134-1

Ⅰ．①商… Ⅱ．①托… ②张… Ⅲ．①商业投机－经
济史－世界 Ⅳ．①F713

中国国家版本馆CIP数据核字（2023）第121864号

浙江省版权局
著作权合同登记章
图字：11–2021–054 号

商品投机400年：从郁金香到比特币
SHANGPIN TOUJI 400 NIAN：CONG YUJINXIANG DAO BITEBI
〔德〕托斯滕·丹宁 著 张 翎 译

出版发行：浙江人民出版社（杭州市环城北路 177 号 邮编 310006）
　　　　　市场部电话：（0571）85061682 85176516
责任编辑：方　程
特约编辑：涂继文
营销编辑：陈雯怡　张紫懿　陈芊如
责任校对：姚建国
责任印务：幸天骄
封面设计：天津北极光设计工作室
电脑制版：北京之江文化传媒有限公司
印　　刷：杭州丰源印刷有限公司
开　　本：710 毫米 ×1000 毫米　1/16　　　印　　张：18
字　　数：256 千字　　　　　　　　　　　插　　页：1
版　　次：2023 年 9 月第 1 版　　　　　　印　　次：2025 年 4 月第 3 次印刷
书　　号：ISBN 978-7-213-11134-1
定　　价：68.00 元

如发现印装质量问题，影响阅读，请与市场部联系调换。

好评如潮

《商品投机400年：从郁金香到比特币》就像一本犯罪故事一样振聋发聩，带我们领略了大宗商品市场和加密货币市场上的繁荣和萧条。

——弗兰克·迈耶（FRANK MEYER）

德国新闻电视台记者

作为一名历史学家，我很欣赏托斯滕对史上重大商品事件的见解，这些事件中有一些家喻户晓，有一些则不那么出名。我强烈推荐那些希望更好了解大宗商品市场的人读这本《商品投机400年：从郁金香到比特币》。

——安德鲁·塞克（ANDREW THAKE）

英国矿业与货币论坛内容主管

对于有兴趣进行大宗商品投资的个人和机构而言，这本书的内容相当丰富。托斯滕·丹宁从历史角度呈现了市场兴衰规律。认真阅读本书，必定受益匪浅。

——乔森·斯泰格（JOCHEN STAIGER）

瑞士资源资本首席执行官

我一直期待着《商品投机400年：从郁金香到比特币》这本书！书里的历史事件耐人寻味。在同一本书里读到这么多金融泡沫事件，是一种很神奇的体验！

——托马斯·雷赫梅特（THOMAS REHMET）

Bloxolid公司首席运营官兼创始合伙人

天灾人祸导致了原油、郁金香、农产品和金属市场中的起起落落，《商品投机400年：从郁金香到比特币》将带你重温过去400年中爆发的所有金融风暴。即便在暴风雨中，在最严重的金融危机当中，也总有人会为了投机铤而走险。有些人成功了，而有些则显然失败了。《商品投机400年：从郁金香到比特币》绝对是一本必读的好书。

——亚历山大·雅库布楚克博士（Dr. ALEXANDER YAKUBCHUK）

Orsu Metals集团首席运营官兼勘探主管

托斯滕是商品市场中真正的学生。他对几百年的市场繁荣萧条周期进行了详细描述，时刻提醒着我们，在市场面前，我们依然还是学生。

——丹宁尔·布里兹（DANIEL BREEZE）

蒙特利尔银行资本市场部总经理兼区域负责人

一提到繁荣与萧条，人们常常会联想到账面收益和现金损失，托斯滕的《商品投机400年：从郁金香到比特币》这本书对这对词组进行了完美诠释。他带领读者经历了一次惊心动魄的旅程，解释了繁荣与萧条的真谛，以及其中蕴藏的各种机会。

——格雷格·哈里斯（GREG HARRIS）

加拿大帝国商业银行全球市场部总监

《商品投机400年：从郁金香到比特币》这本书带给人一种奇妙的阅读体验，必然会成为一本典范读物！

——罗纳德·彼得·圣费尔（RONALD-PETER STÖFERLE）

Incrementum资产管理公司管理合伙人兼基金经理

在加密货币市场中，成功与失败密切相关。丹宁将市场兴衰的真相与人物故事很好地结合了起来。任何对商品和加密货币感兴趣的人，都不能错过《商品投机400年：从郁金香到比特币》这本令人兴奋的好书。

——克里斯蒂安·安格迈尔（CHRISTIAN ANGERMEYER）

Apeiron投资集团创始人

不论是400年前还是今天，资本市场中永远不乏想在金融泡沫中乘风破浪的财富猎人。每隔几年，就有一些不吸取历史教训的人被市场再次狠狠教训。贪婪和恐惧将继续主宰投资市场。在《商品投机400年：从郁金香到比特币》一书中，丹宁很好地总结了过去几个世纪中的金融泡沫事件。对于经验丰富的投资者或任何希望尝试投资的人来说，这是一本令人兴奋和具有指导意义的书。

——汉内斯·赫斯特（HANNES HUSTER）

Goldreport总经理

托斯滕从一个翔实而有趣的视角，回顾了过去几百年中的金融投机泡沫。金融兴衰的历史一直在循环往复，不厌其烦。

——马克·布里奇（MARK BURRIDGE）

贝克钢铁资本管理公司管理合伙人兼基金经理

托斯滕·丹宁为所有对大宗商品和加密货币市场感兴趣的人写了一本必读读物。阅读《商品投机400年：从郁金香到比特币》，有助于帮你从历史中总结经验和吸取教训。

——简·彼得·费恩格斯博士（DR. JAN PETER FIRNGES）

柏林金融、创新、数字化研究所

比特币的命运，只有时间才能证明。但我认为，物联网是离不开加密货币的。我们无法预见，将来会不会出现电子法郎或其他支付手段。我们甚至连眼下的事情都难以判断。

——多尔菲·米勒（DOLFI MÜLLER）

瑞士楚格市市长，2007—2018年任职

《商品投机400年：从郁金香到比特币》讲述了大宗商品发展历史以及其中夸张的投机泡沫，展现了一段壮观而迷人的旅程，对今天依然有借鉴意义，这是一本非常棒的书！

——比约恩·耶什（BJÖRN JESCH）

一般来说，金融市场，特别是大宗商品市场，经历了漫长的发展历史，充满了兴衰更替。我的好朋友、好同事托斯滕·丹宁写的这本《商品投机400年：从郁金香到比特币》非常有价值，也充满趣味。

——马塞尔·霍夫曼（MARCEL HOFFMANN）

德意志银行股份有限公司董事总经理

这是一本令人着迷的书，对大宗商品市场上波澜壮阔的价格涨跌有着深刻洞察，对于投资者而言，绝不仅是一本有趣的书而已。

——奥利弗·弗雷（OLIVER FREY）

联合投资（Union Investment）基金经理

谨以此书献给艾琳娜

时光之轮旋转不息，世代来去周而复始，
只留下那些成为传奇的记忆。
当产生传奇的世代轮回再现时，
传奇已沦为笑谈，就连笑谈也早已被人淡忘。
——罗伯特·乔丹（1948—2007年），《时光之轮》

华尔街的人不懂吸取教训，不长记性，
总是向奢望、恐惧和贪婪投降。
——本杰明·格雷厄姆（1894—1976年）

目 录
CONTENTS

17世纪，拥有郁金香成为荷兰富人和上流阶层地位的象征。郁金香球茎按重量出售，以金币计价，其保证金交易让循规蹈矩的商人沦为肆无忌惮的赌徒，倾家荡产也在所不惜。1637年，这场泡沫终于破灭了。

18世纪，大米期货合约在日本的堂岛大米会所应运而生。大米商人本间宗久因其天赋异禀的市场洞见被封为"市场之神"，并成为日本最富有的人。

淘金热！在巨大财富的诱惑之下，仅1849年一年，就有数十万冒险者拥入加利福尼亚淘金。次年，加州出产的黄金价值竟然超过了美国的联邦预算总额。因为财富的关系，加利福尼亚于1850年正式成为美国的第31个州。

序言一：大宗商品交易由来已久

瑞士资源资本首席执行官

乔森·斯泰格（Jochen Staiger）

大宗商品和期货交易历史悠久，交易所是保障农民和生产者免遭意外损失的交易场所。而早在交易所出现之前，交易就已经存在了。1898年，美国芝加哥商品交易所(Chicago Mercantile Exchange)正式成立，实现了期货交易标准化。至此，期货交易形成了可靠市场，成为在不必拥有小麦、玉米等实物商品的情况下，就可以依据价格走势，对软商品(soft commodities)进行投机的一种交易。起初，参与投机的投资者圈子并不大，但随着时间的推移，情况渐渐发生了变化。时至今日，我们可以看到，对冲基金甚至连养老金，也纷纷参与黄金、白金、铜、猪脯和冷冻橙汁等大宗商品投资。此外，大量自信的私人投资者也参与其中，寄希望于通过大宗商品交易赚钱。时代正在日新月异地变化。毫无疑问，我们正处于大宗商品和原材料交易繁荣时代的新开端。

其实，在无法预见的税收政策、政府更迭、关税规定等因素的共同影响下，大宗商品市场本身就在不断发生变化。更何况，我们所处的是一个全新的电子移动时代，一个在未来20到30年将持续、显著改变大宗商品市场的时代。以出行为例：未来，我们都希望以"清洁"的、不破坏环境的方式开车出行，同时也为这种坚持感到自豪。这意味着，我们需要更多的铜、锂、钴、锌、镍、银和铅来生产环保型汽车。而由于预计到2030年，汽车燃料的铀消耗量将比2018年增加一倍多，铀价目前正在持续上涨。另外，在配置个人资产时，黄金作为一种商品，依然是我们最安全的投资选择。不过，并非所有大宗商品都有真实矿藏，新一轮牛市即将启动。因此，我们即将制造出新的商品泡沫和繁荣周期。

在本书中，作者托斯滕·丹宁(Torsten Dennin)从郁金香狂热讲到了比特币热潮，解释了各类大宗商品市场的迭起兴衰。比特币也是"挖"出来的，这一点令人诧异，但由于比特币不具备实际价值，也不存在实体矿藏，价格也就经历了大幅缩水。泡沫破灭的经过总是相似的，只是名称各有不同罢了。托斯滕阐明了其中的道理，仔细阅读本书，你必定受益良多。身为投资者，我们有必要了解大宗商品市场的发展历史，加深自己对市场的理解和认识，借鉴古人的得失成败，避免今人重蹈覆辙。投资者们也终将明白，大宗商品市场有时由于体量较小，微小的金融资产在几经易手之后，价格动辄相差千亿美元，所以时刻存在着被操控的风险。

原油、郁金香、白银、大豆市场都有可能被"背后的力量"操控。托斯滕的卓越贡献就在于，他揭示了影响大宗商品市场的一系列潜在或未知事件。他是为数不多的，在大宗商品牛市启动之前就一直密切关注该话题的业内人士。在16年的从业生涯当中，他研究了不同种类的大宗商品市场在需求、供给和价格方面的异质行为。

我与托斯滕相识十多年，他是研究大宗商品市场方面的顶级专家。在本书各章中，他以轻松风趣的笔调，向读者介绍了大宗商品、投机、繁荣和萧条等相关话题。大宗商品的私人和机构投资者通过汲取历史经验教训，必将大有收获。

序言二：区块链和比特币的技术革命

Bloxolid首席运营官

托马斯·雷赫米特（Thomas Rehmet）

自2008年金融危机爆发以来，世界各国的央行纷纷采取量化宽松政策，开足马力印钞，向资本市场注入数以亿计的美元、欧元、日元等货币。在此期间，市场流动性充裕，原材料市场受到投资者越来越多的关注。关注大宗商品市场的不再只是机构投资者，在法定货币不断贬值的今天，越来越多的私人投资者也试图通过回归价值投资来避险。物质价值比货币价值更可靠，这个道理肯定不会错。

然而，原材料市场也并非一直风平浪静，不论是政治、经济事件还是各类骗局，都会造成市场失真。

2008年11月1日，金融危机爆发伊始，加密货币创始文件《比特币白皮书：一种点对点的电子现金系统》正式发布。

它释放出了一个启动信号。而今，许多人都认为，区块链将掀起下一场全球技术革命。

2017年，比特币被疯狂炒作，成为全球关注的焦点；2018年，在炒作与可用性的交锋之中，人们认清了什么才是现实。2019年是区块链的创新之年。我们的使命，是将贵金属等实物资产与区块链创新技术相结合，打造一种全新的安全稳定资产和货币。目前，Bloxolid公司正在开发银特币(ARGENTUM)，这是首款以实物白银为依托的加密货币，将在德国制造。

托斯滕-丹宁对过去四个世纪的金融和大宗商品市场历史做了精彩总

结，鞭辟入里。《商品投机400年：从郁金香到比特币》一书共有42个章节，不仅聚焦了金融史上的极端事件，还依照时间先后顺序，对其间的市场兴衰进行了详细叙述。本书是投资者的必读宝典。

毕竟："只有了解历史的人，才能领悟现在，创造未来。"[1]

---

1 戈洛·曼(Golo Mann)，1909—1994年，德国历史学家。

前言：大宗商品交易的兴衰与成败

大宗商品的价格永远都不会跌成零。

这与购买股票，证明自己拥有一家看不见、摸不着，

且随时可能倒闭的公司的部分资产，完全是两码事。

——吉姆·罗杰斯（Jim Rogers）

　　新千年伊始，银行及其他金融中介陆续推出了原油、黄金、白银、铜、小麦、玉米、糖等全新"投资主题"和"新型"资产类别。通过大力推广和营销，大宗商品交易日渐流行起来。最早的一批商品指数诞生于20世纪90年代，包括标普高盛商品指数(S&P Goldman Sachs Commodity Index)、道琼斯AIG商品指数(Dow Jones AIG Commodity Index)等。不过，进入新千年之后，各大投行纷纷推出了自己的商品指数及相关解读，为机构投资者和实力雄厚的个人投资者提供了一个极富吸引力的全新投资品种。今天，在我们的见证之下，加密货币也经历了同样的发展历程，成为一种与众不同的公众投资品种。

　　中国经济的快速增长是大宗商品市场繁荣的一个重要指标。这一点自2000年开始就不言而喻了。当时，作为"世界工厂"的中国对铁矿石、煤炭、铜、铝和锌等原材料的进口需求激增，成为全球需求的主导力量。中国经济的强劲增长带动了大宗商品价格的飙升，仿佛一个巨大的真空吸尘器，席卷了能源、金属和农产品市场。供不应求的市场形势难以扭转，导致价格持续上涨。

　　在雷曼兄弟(Lehman Brothers)爆雷之后，金融危机不断恶化，商品价格的上涨得到了暂时遏制。原油价格从2008年夏天的150美元/桶跌至2009年春天的40美元/桶下方，后又于年内回升至80美元/桶上方。经济复苏也给工业金属带来了利好。金融危机之后，出于对公共债务上升和金融体系稳定的担忧，投资者对黄金的投资兴趣大幅上升。2009年，随着欧债危机的逼近，黄金价格首次突破了35美元/克大关，2011年更是攀升至67美元/克的历史高位。

2009年，在"农产品通胀"卷土重来的影响之下，包括糖、咖啡和可可在内的外来农产品等商品价格也纷纷走高。但事实证明，2008—2009年金融市场崩盘之后的市场复苏是不可持续的。2011年4月之后，大宗商品市场开启了长达五年的大熊市。一段时间以来，中国去杠杆化以及经济增速放缓，加剧了原材料供需的严重失衡。2016年初，在供给过剩的影响下，原油价格一路跌至26美元。此后，大宗商品市场触底反弹，在持续五年的下跌之后，终于在2016年收阳。

大宗商品市场和加密货币

大宗商品是指任何标准化的原始或初级经济商品。在美国，正规大宗商品交易可以追溯到大约200年前，而在全球，商品交易的开始时间要早得多。几千年前，苏美尔人、古希腊人和古罗马人就已经开始进行此类交易了。相比之下，以购入公司股票来交换公司部分所有权的股票交易，其发展历史则相对要短得多。1602年，荷兰东印度公司在欧洲的阿姆斯特丹证券交易所挂牌上市，成为全球首家上市公司。1792年，美国最大的证交所——纽约证券交易所在华尔街成立。

大宗商品可分为能源、金属、农业、牲畜和肉类；也可以根据生产方式，将开采出的商品归为硬商品，如金属和石油，将种植出来的商品归为软商品，如小麦、玉米、棉花和糖。

到目前为止，最重要的大宗商品当属原油及其相关产品，例如石油、煤油、航油、柴油等。目前，全球原油日消耗量超过1亿桶，日消耗量价值60亿美元，年消耗量价值2.2万亿美元！

金属通常可分为贱金属和贵金属。按吨位计算，铁矿石市场规模最大，全球开采量高达220多万吨。铁矿石出口的三分之二流向中国，相当于10亿吨。此外，按70美元/吨的价格估算，铁矿石市场的市值规模并不大。以美元计算，市值规模最大的金属市场是黄金。黄金的年开采量约为3,500吨，价值1,400亿美元。据估计，全球地上黄金储量约为19万吨，也就是说，黄金的实物市场规模接近8万亿美元。铜、铝、锌的市值规模紧随其后，有些贵金属的市值规模则相当之小，例如银、铂、钯等等。

在农业和畜牧业中，市场规模最大的是小麦和玉米这样的谷物以及可以榨油的大豆和糖。

2009年1月，比特币作为加密货币的鼻祖正式问世。此后，约有4,000多种代币（altcoins）被陆续创造出来。coinmarketcap.com网站每天对大约2,000种加密货币的价格进行跟踪。在经历了2018年的大规模价格回调之后，所有加密货币的总市值降到了2,000亿美元以下。比特币仍然占主导地位，市值接近700亿美元，市场份额约为40%。交易量紧随其后的五种加密货币分别是瑞波币（ripple）、以太坊（ethereum）、恒星币（stellar）、比特币现金（bitcoin cash）和莱特币（litecoin）。这五种加密货币的总市值为300亿美元，尚不及比特币的一半。

正规大宗商品交易历史比股票交易历史更为悠久。然而，这一事实经常被忽略，因为人们的注意力主要集中在过去几十年中的剧烈价格波动上。举例而言，芝加哥期货交易所成立于1848年，旨在为小麦和玉米等农产品提供正规的期货交易平台。而此类商品贸易和投机活动，在此之前很早就开始了。大约在公元前4000年，苏美尔人就开始用黏土代币来确定未来交付的动物（如山羊）的数量、日期和时间，类似于今天的商品期货合约。古希腊农民卖出橄榄，并约定在未来交货。据史料记载，古罗马的小麦交易也是在未来交货的。罗马商人会对粮食价格约定限制条件，以自我保护，规避意外涨价的风险。

大宗商品和加密货币的交易历史是丰富而极具启发性的。我写这本书的目的，是为了重温其中发生的重要事件。这当中既有从兴盛走向衰败的祸事，也不乏大获成功的交易案例，都值得我们关注学习。

本书前六章涵盖了从17世纪到19世纪的主要金融事件。17世纪，荷兰的郁金香热成为史上最早记载的市场泡沫事件之一，至今仍是大学课堂上的经典课题。18世纪，日本大米市场从繁荣走向衰落，其间诞生的蜡烛图一直沿用至今。19世纪初，洛克菲勒的经营策略和标准石油的崛起，标志着石油时代的到来。几乎在同一时间，有两名交易员在试图通过操控小麦市场发财；而在美国加州，淘金热方兴未艾，影响深远。

20世纪，大宗商品交易传奇仿佛是一部"名人史"：亚里士多德·奥纳西斯（Aristotle Onassis）、沃伦·巴菲特（Warren Buffett）、比尔·盖茨（Bill Gates）和乔治·索罗斯（George Soros）只是其中的部分代表人物。与此同时，原油的地位越来越重要。

20世纪70年代，大宗商品市场进入了真正的繁荣时期。面对小麦收成欠佳，苏联开始向美国购买农产品，为刚刚抬头的小麦、玉米和大豆价格提供了上涨动力。毫不夸张地说，在1973年和1979年两次石油危机期间，原油价格的快速上涨重塑了世界秩序。从某种意义上讲，1990年的海湾战争的目的就在于扭转局势。在此期间，石油价格翻了一番。受此波及，参与原油交易的德国金属集团（Metallgesellschaft）濒临破产。

在随后数年中，黄金、白银和钻石价格纷纷在暴涨之后崩盘。由于银价暴跌，亨特兄弟（Hunt brothers）损失了家族石油生意。沃伦·巴菲特、比尔·盖茨和乔治·索罗斯后来也参与了白银市场。在婆罗洲的丛林中，有史以来最大的黄金骗局布雷-X以破产而告终。1996年，日本交易员滨中泰男（Yasuo Hamanaka）在铜市交易中出现了巨大的投机行为。十年之后，中国的铜交易员刘其兵重蹈覆辙，标志着经济风向标从日本转向了中国。

新世纪的大宗商品市场繁荣吸引了大量投机者，进而引发了其他的兴衰故事。不凋花咨询公司（Amaranth Advisors）豪赌天然气价格，短短几周几近破产，登上了全球头条新闻。

天气因素也常常影响市场。"卡特里娜"飓风（Hurricane Katrina）肆虐新奥尔良，造成特大洪水，导致伦敦锌价飙升，因为伦敦金属交易所（London Metal Exchange）许可的大多数锌仓库都无法进入。2006年，活跃的大西洋飓风季不仅破坏了墨西哥湾，还将浓缩橙汁的价格推向新高。

澳大利亚面临"千年一遇"的旱灾威胁，导致全球小麦价格创下新高。几年后，印度的一场大旱，将糖价推上了30年来的最高水平。此后不久，热带风暴"纳尔吉斯"（Cyclone Nargis）在亚洲肆虐，造成了大量人员伤亡。大米只能定量配给，物价持续飙升，导致不少国家出现了骚乱。

这些重大灾害事件，往往与个人投机行为形成对比，因为两者都涉及大量的资金损失。比如，交易员埃文·杜利（Evan Dooley）在小麦期货上损失了超过一亿美元。而就在数周之后，银行业巨头法国兴业银行（Société Générale）的交易员热罗姆·科维尔（Jérôme Kerviel）又在自营交易中损失了数十亿美元，成为世界头条。2011年，"石油之王"马克·里奇（Marc Rich）的遗产得到了兑现：他创立的嘉能可（Glencore）首次公开募股，其首席执行官伊凡·格拉森伯格（Ivan Glasenberg）一跃成为瑞士十大富豪。

随着下一个十年的到来，大宗商品市场的热点先是转向了钕和镝等稀土，而后又转向了锂和钴等"能源金属"。这些商品对未来的能源储存和交通电气化至关重要。早在2009年前，区块链和比特币就引起了交易员的注意。随着2017年纽约商业交易所（COMEX）推出了可交易的比特币期货，加密货币也成为一种商品。2017年，比特币低开于1,000美元下方，一路飙升至20,000美元；随后又在2018年的几周之内暴跌80%。至此，在史上最大金融泡沫事件排行榜上，独占鳌头400年的郁金香狂热只能退居第二。

本书各章以史上数一数二的金融泡沫为框架，细数了从郁金香到比特币的400年间发生的40多个大宗商品市场重大事件。这些事件往往伴随着极端价格波动，最终结果也不尽相同。它们无不证明了，在供需变化和其他外部因素的影响下，每一种市场都必然经历上涨和下跌周期。不论是南非控制铂金生产，咖啡豆或橙子因霜冻减产，科特迪瓦骚乱引发可可价格波动，智利矿工罢工推高铜价，由于财务困境导致的比特币等加密货币的剧烈波动皆是如此。

大宗商品和加密货币市场目前正处于人口革命、气候变化、电气化和数字化等投资洪流的交汇处。投资大宗商品、区块链及其相关应用，必将成为一段激动人心的旅程。

第一章

郁金香狂热：史上最大的金融泡沫

1637年

17世纪，拥有郁金香成为荷兰富人和上流阶层地位的象征。郁金香球茎按重量出售，以金币计价，其保证金交易让循规蹈矩的商人沦为肆无忌惮的赌徒，倾家荡产也在所不惜。1637年，这场泡沫终于破灭了。

古有17世纪荷兰的郁金香狂热，今有21世纪初的互联网泡沫。市场总在不断上演与现实的脱节。

——托尼·克雷森齐（Tony Crescenzi），太平洋投资管理公司（Pimco）

17世纪初，荷兰步入黄金时代，开启了长达百年的经济和文化繁荣。

荷兰崇尚宗教信仰自由，因此吸引了许多因信仰问题而备受迫害的外国人。彼时，欧洲各国发展停滞不前，而这个建国不久、名为"尼德兰七省共和国"（Republic of the Seven United Netherlands）的小国家，却逐渐成为国际贸易强国之一。

中世纪时，汉萨同盟（Hanseatic League）是由欧洲占主导地位的商业同盟。随着同盟势力的衰落，荷兰作为航海国家中的新秀，在全球各地建立了许多殖民地和贸易站，例如新阿姆斯特丹殖民地（今天的纽约）、荷兰印度殖民地（今天的印度尼西亚）以及南美洲和加勒比地区的前哨站，如阿鲁巴和荷属安的列斯群岛……1602年，荷兰商人成立了荷兰东印度公司（Vereenigde Oostindische Compagnie，VOC），获得了政府授予的最高权力和商业垄断地位。东印度公司是17和18世纪全球首家跨国公司，也是当时世界最大的贸易公司之一。来自哈勒姆和阿姆斯特丹的荷兰商人，在这里共同经历了前所未有的经济繁荣。

发了财的新贵们迫不及待地模仿起贵族老爷和贵妇们的生活，修建起拥有巨大花圃的庄园。16世纪，郁金香从亚美尼亚和土耳其经由伊斯坦布尔、维也纳和莱茵河畔的法兰克福传入荷兰的莱顿，迅速受到了富人和贵族的追捧，成为一种奢侈商品和地位的象征。在出入上流阶层的社交聚会时，贵妇们往往会将这种极具异域风情的花朵戴在头上或别在衣裙上。

大银幕上的郁金香狂热

郁金香狂热不仅是一个重要的经济或金融话题，还是现代流行文化中常见的影视题材。在电影《华尔街：金钱永不眠》（2010年）中，迈克尔·道格拉斯（Michael Douglas）主演的戈登·盖柯向一个年轻的华尔街股票交易员讲述了荷兰郁金香狂热的来龙去脉。他特地在家里挂了一幅郁金香的油画，戏谑地提醒自己，不要忘记那次泡沫。2017年，艾莉森·欧文（Alison Owen）和哈维·韦恩斯坦（Harvey Weinstein）联袂制作了电影《郁金香狂热》，其故事情节就是以17世纪郁金香狂潮为背景展开的。在影片中，一位身为人妻的贵妇（艾丽西亚·维坎德饰）为了逃离自己的富商丈夫，与女仆互换身份，和一名画家（戴恩·德哈恩饰）坠入爱河。她与情人打算拿身上仅有的一点钱，投资高风险的郁金香。

然而，郁金香球茎的供应却增长缓慢。一个母球茎每年只能繁殖二至三个子球茎，且在繁殖几季过后便会退化。于是，它的供不应求导致价格上涨，为交易中介打开了可观的利润空间。此时，郁金香已不是由花农直接卖给有钱的客人，而是通过拍卖进行交易。刚开始，郁金香交易是在酒吧和酒馆中进行的，并没有正规的交易场所。渐渐地，聚在一起交易的人越来越多，形成了交易俱乐部和民间交易所，人们按照固定规则来组织拍卖交易。

起初，交易时间仅限于郁金香的种植季。然而，随着需求不断扩大，商人们开始预售还种在土里的郁金香球茎。市面上已经没有人买卖郁金香花了，交易的都是郁金香球茎。到了16世纪30年代，郁金香交易已经成为一门投机生意，因为没人知道郁金香球茎会开出什么样的花。商人们花钱雇了约400名画家，专门画各种各样的郁金香，以吸引买家上门。

郁金香很快就成为一种地位的象征。
从1634年到1637年，郁金香的价格飙升了50倍。

花匠们不断培育新型品种和更迷人的花色来满足客人的要求。郁金香的花瓣越来越整齐，颜色和图案也越来越好看。蚜虫将花叶病毒传染给郁金香，却形成了一种极为罕见的新品种，花瓣上似有火焰，两种色彩相互碰撞，令人叹为观止。

当郁金香狂热达到顶峰时，合约竟能换手十余次。从1634年到1637

年，郁金香价格一飞冲天，上涨了50倍。在极个别情况下，为了购买名为"永远的奥古斯都"的稀有品种，买家情愿为一颗球茎付出1万荷兰盾，相当于一位工匠20年的收入之和。1637年，仅在1月当月，郁金香的价格就迅速翻了两倍。三棵郁金香球茎就足够买下阿姆斯特丹的一整栋房子。1637年2月5日，投机泡沫终于见了顶。这天，来自各地的商人齐聚阿尔克马尔市交易了99棵球茎，金额高达9万荷兰盾，相当于今天的100万美元。而过度的投机早已为郁金香的暴跌埋下了祸根。两天前，在哈勒姆市一次简单的酒吧拍卖中，下跌已出现端倪。在那次拍卖中，第一次没有一个买家愿意出价。市场作出了迅速反应。一时间，人们争先恐后地抛售郁金香，导致整个荷兰郁金香市场发生了雪崩。

1637年，郁金香泡沫破灭，
价格暴跌95%，政府下令终止交易。

1637年2月7日，郁金香交易被彻底终止，郁金香球茎的价格跌幅高达95%，未平仓合约远远超出了实际供应量。这时不论是买家还是卖家，都希望荷兰政府能够出面解决。最终，政府禁止了郁金香期货交易，买卖双方被迫自行协商解决。

从贵族到商人，从农民到普通工人，绝大多数荷兰人都受到了郁金香狂热的波及。许多参与者对市场一无所知，却为了增加启动资金而抵押了自己的房产和农场。而荷兰的经济繁荣，也掩盖了投机泡沫给人们造成的经济损失。

荷兰的郁金香狂热是历史上第一次有记载的市场崩盘事件。关于其过程的分析，亦可运用于1998年到2001年的互联网泡沫或其他任何一次金融泡沫事件。在郁金香狂热过去的几十年中，郁金香从上流社会的地位象征，变成了一种随处可见的观赏植物，直至400年后的今天依然如此。目前，世界上近80%的郁金香球茎皆产自荷兰。

关键内容

- 17世纪，荷兰迎来了经济繁荣的黄金时代，郁金香成了富有的上流社会和贵族地位的象征。

- 从1634年到1637年，郁金香的价格暴涨了50多倍，绝大多数荷兰人都被卷入了投机的洪流之中。

- 在泡沫破裂之前，几棵郁金香球茎的价格就能够买下阿姆斯特丹的一整栋房子。1637年2月泡沫破裂，郁金香价格暴跌了95%。

- 郁金香狂热是历史上第一次有详细记载的市场崩盘。在此后的近400年中，人们一直称其为史上最大的金融泡沫，其规模比2000年的互联网泡沫要大得多。

第二章

大米：堂岛会所与"市场之神"

1750年

18世纪，大米期货合约在日本的堂岛大米会所（Dojima rice market）应运而生。大米商人本间宗久因其天赋异禀的市场洞见被封为"市场之神"，并成为日本最富有的人。

经过60年夜以继日地钻研，我逐渐对大米的市场走势有了深刻的理解。

——本间宗久（Homma Munehisa）

1603年，日本进入江户时代，开启了史上最长的和平时期。在此期间，日本的国内贸易和农业发展水平不断提升。大阪堂岛大米会所于17世纪末建成，在此后的数百年中，堂岛市成为日本的大米交易中心。在堂岛大米会所中，人们可以用大米交换丝绸、茶叶等商品。当时日本没有统一的货币，大米成为人们普遍接受的支付手段（例如缴税）。

为了满足大名们[1]的资金需求，米仓开始接受仓单，仓单上规定了大米的远期交割信息，作为实物交易的替代选择。许多地主都提前预支了未来数年的大米收成。很快，堂岛的仓单交易就与实物交易实现了脱离，随之出现的是所谓的"大米库券"（rice coupons），而这种远期交易模式也变得越来越活跃。随着时间的推移，大米库券的交易量已经远远超过了大米的实际产量。到了18世纪中叶，大米库券的交易量几乎是大米实际产量的四倍。

1749年，大阪的大米库券交易量约为10万包，而与此同时，日本国内的实物大米仅有3万包。

什么是大米库券？

大米库券是一种标准的大米远期交割合约，其价格、数量和交货日期都是确定的。如果大米市价高于合约价格，买家就会获利，反之则会亏损。大米库券是全球已知最早的标准商品期货合约，大阪堂岛大米会所也是公认的第一家现代期货交易所，比阿姆斯特丹、伦敦、纽约和芝加哥等交易所的出现时间都要更早。

1750年，36岁的本间宗久接管了家族的米行生意，作为日本西北地区的种植大户，本间宗久对大米交易很有研究。起初，他只在老家酒田市从事大米交易，后来他搬到了大阪。

在大阪，本间宗久开始交易大米库券，为了尽快了解酒田大米收成的

1　大名：日本古时对封建领主的称呼。——译者注

真实情况，他建立起自己的信息传递网，全长约600千米。老家的稻田为他提供了宝贵的内幕消息。除此之外，本间宗久还很可能是分析历史价格走势的第一人。他发明了一种名为K线图（又称"蜡烛图"）的价格走势图表，至今仍在使用。与折线图不同的是，K线图展示的不仅是一天的开盘价和收盘价，还包括盘中的最高价和最低价。本间宗久坚信，通过分析历史价格走势，是有可能掌握价格涨跌规律并实现盈利的。

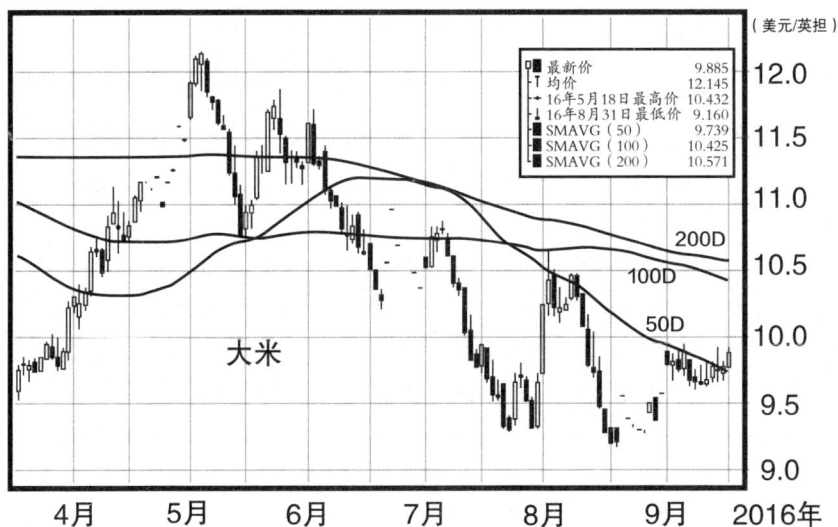

图1：2016年大米期货K线图，芝加哥期货交易所

数据来源：彭博社，2019年

接下来的故事极具传奇色彩：本间宗久似乎得到了竞争对手们不知道的内幕消息，一连好几天都在堂岛会所中大量收购当地农民的大米，而且越买越多。他一次次从口袋里掏出纸片，凝视着上面的符号。从远处看，这些符号就像一根根蜡烛。到了第四天，一名信使从乡下赶到了大阪，带来了风暴导致粮食歉收的消息。堂岛的米价迅速上涨，而市场上出售的大米早已所剩无几。

短短几天之内，本间宗久就控制了整个日本的大米市场，赚了个盆满钵满。在堂岛会所一战成名之后，他又转战江户（今天的东京），继续着他的辉煌战绩，并获得了"市场之神"的赞誉，不仅跻身贵族行列，还当上了日本政府的财政顾问。1803年，本间宗久去世。当他发明的K线图被世人再度发现，并被投资人和交易员争相使用时，已经是200年之后的事了。

关键内容

- 1750年，米商本间宗久凭借自己对市场的独到判断，通过购买实物大米并收购大米库券，垄断了日本的大米市场。
- 本间宗久获得了"市场之神"的封号，并成为日本最富有的人。
- 本间宗久发明的K线图，至今仍在金融技术分析中被广泛使用。

第三章

黄金：加州淘金热

1849年

淘金热！在巨大财富的诱惑之下，仅1849年一年，就有数十万冒险者涌入加利福尼亚淘金。次年，加州出产的黄金价值竟然超过了美国的联邦预算总额。因为财富的关系，加利福尼亚于1850年正式成为美国的第31个州。

金子！金子！美洲河里的金子！

——塞缪尔·布兰南（Samuel Brannan）

今天的人们或许很难想象，在1848年之前，加利福尼亚曾是一块不适合居住的偏远地区。在那里生活的主要是墨西哥人、西班牙后裔以及美洲土著。在为数不多的欧洲移民中，有一个德裔瑞士人名叫约翰·奥古斯都·萨特（John Augustus Sutter）。萨特在公司破产后，将妻子和孩子留在了瑞士，只身搬到了美国西部定居。他在萨克拉门托山谷买了一大片土地并取名为"新赫尔维蒂"（Nueva Helvetica）。美洲河与萨克拉门托河的交汇之处，就是他安营扎寨的地方。在美洲河南岸靠近科洛马村的地方，他修建了一家锯木厂。就是在那里，一个名叫詹姆斯·威尔逊·马歇尔（James Wilson Marshall）的木工于1848年1月24日的清晨在河床上发现了一块金子。萨特和马歇尔不动声色，继续购买了更多的土地。不过，当萨特手下的工人开始用自己淘到的金子买东西时，这个惊人的发现立刻不胫而走。

事情很快就失控了。在科洛马村，有个店主名叫塞缪尔·布兰南，他装了满满一瓶金子来到了圣弗朗西斯科。在那里，他骑着马穿过大街小巷，挥舞着一整瓶金子高喊着"金子！金子！美洲河里的金子"为自己售卖的勘探工具招揽生意。

加州淘金热就此上演。1848年，来加州淘金的只有6,000人。1849年，淘金热开始升温，随着消息的广泛传播，世界各地的冒险者纷纷赶到加州。在这一年中，有近10万人带着一夜暴富的梦想来到了这里，其中也不乏来自亚洲的淘金者。中国人也越来越多，他们将加州的圣弗朗西斯科称作"金山"。

接下来的数据令人震惊。1848年，加州人口不足15,000人，1852年，也就是人们发现黄金的四年之后，这里的人口暴增了十倍。1848年时，旧金山的居民还不到1,000人，1850年就增加到25,000人。1855年，有超过30万的冒险者在此地淘金。为他们提供服务的商人数不胜数，目的当然是赚他们的钱。

大荧幕上的淘金热

近年来，以科恩兄弟导演的《老无所依》（*No Country for Old Men*）和昆汀·塔伦蒂诺导演的《八恶人》（*The Hateful Eight*）为代表的西部电影大有抬头之势。淘金热是西部电影的主流题材，其中家喻户晓的代表作当属经典无声电影《淘金记》（1925年）。查理·卓别林（Charlie Chaplin）扮演了一个在克朗代克河淘金的小流浪汉。该片于1942年重新上映，是卓别林最著名的成名作之一。2013年由托马斯·阿斯兰（Thoas Aslan）执导的《金子》（*Gold*）是最近的一部新片，讲述了1898年夏天，克朗代克淘金热正值鼎盛，一群德国人深入危机四伏的英属哥伦比亚省寻找黄金的故事。

勘探工具的价格上涨了十倍，布兰南在科洛马村的铺子每月进账15万美元。尽管如此，在巨大财富的诱惑之下，矿工依然在河床上废寝忘食地淘金。只要淘到金子，他们就能挣到很多钱，相当于东海岸普通工人一天工钱的20倍。在大多数情况下，在金矿里干上半年，就能挣到相当于"寻常"工作六年的酬劳。到了1851年，加州黄金年产量已增至77吨。

如此之多的黄金，价值已经超过了当时美国一年的国内生产总值（GDP）。不过，许多矿工都很难攒下钱来。这里天高皇帝远，商铺的物价贵到离谱，酒馆老板也靠卖酒和赌博赚得盆满钵满。其实，在淘金热中，像塞缪尔·布兰南这样的商人才是真正的赢家。其中，名气最大当属德国企业家李维·斯特劳斯（Levi Strauss）。他意识到，矿工们工作时需要穿结实耐磨的裤子，便在旧金山开了一家铺面，用帐篷布料做裤子售卖，牛仔裤就此诞生了。

**仅1849年一年，就有近十万人来加州淘金。
到了1855年，新移民的人数突破了30万。**

随着加州经济和财富的不断增长，其政治影响力也与日俱增。1850年，"黄金之州"正式成为美国的一个州。不过，黄金热不可能永远持续下去。1860年前后，容易找到的金矿都被淘干净了，许多城镇已是人去楼空。加州的人口跌至十年之前的水平，从20,000人减少到寥寥500人，曾经热闹一时的城镇全部沦为鬼城。

在接下来的50年中，类似加州淘金热的情况在其他地方不断上演。1851年，澳大利亚也发现了金矿。此后的十年间，澳大利亚的人口增长了十倍，从一个流放囚犯的英属殖民地，发展成为一个相对文明的国家。1886年，在南非的德兰士瓦共和国，人们又在比勒陀利亚南部的威特沃特斯兰德山脉发现了黄金。几年后，德兰士瓦成为世界上最大的黄金生产国。1896年，人们在阿拉斯加的克朗代克河（Klondike River）上发现了黄金。于是，位于克朗代克河与育空河交汇处的道森市也日渐繁荣。两年之间，这里的人口从500人增加到了30,000人。至于加州，萨特的定居地萨克拉门托最终发展成为加州首府。美国旧金山49人橄榄球队的名字，就是为了纪念19世纪淘金热中的淘金者。而萨特的结局又如何呢？1880年，他在穷困潦倒中悲惨离世。

关键内容

- 德裔瑞士人约翰·奥古斯都·萨特和詹姆斯·威尔逊·马歇尔发现了黄金，引发了全球淘金热。而出乎意料的是，从中发家致富的却是向淘金者售卖工具和提供服务的商人们。
- 1849年的加州淘金热引发了一大波移民浪潮，在这一年，加州新增人口高达10万人。
- 淘金热加速了加州发展。1850年，加州正式成为美国的一个州。
- 在澳大利亚、南非和加拿大育空等地也陆续出现了淘金热。

第四章

小麦："老哈"的生财之道

1848年，美国芝加哥期货交易所正式成立。不久后，外号"老哈"的本杰明·哈钦森在小麦期货上成功逼仓，一战成名，并在一段时期内控制了整个市场，赚得盆满钵满。

你听见查理说的话了吗？
他说我们是慈善家！为何要保佑我们？
我们全都是赌徒！你是赌徒！我也是赌徒！

——本杰明·哈钦森（Benjamin Hutchinson）

美国无声电影《小麦囤积者》（*A Corner in Wheat*）拍摄于1909年。影片讲述了一个贪得无厌的商业大亨，一心想要垄断全球的小麦市场，结果导致人们买不起面包，生活难以为继。这部经典电影以芝加哥期货交易所大楼里的小麦期货交易室为背景，改编自弗兰克·诺里斯（Frank Noris）的小说《交易室》和短篇故事《小麦交易》。1994年，《小麦囤积者》因为其在"文化、历史和艺术上的重要意义"，入选美国国会图书馆的美国国家电影名录。

19世纪，芝加哥成为美国中西部的农产品交易中心，大量农产品被运到这里。为了更好地平衡供需，芝加哥修建了大量仓库，农产品价格周期性承压成为常态。1848年，芝加哥期货交易所正式成立。外号叫"老哈"（Old Hutch）的本杰明·彼得斯·哈钦森成为小麦逼仓第一人，声名鹊起。1829年，哈钦森出生在美国的马萨诸塞州。30岁时，他移居芝加哥，开始从事农产品期货交易，并成为芝加哥期货交易所的一名交易员。

1866年，哈钦森预判当年小麦收成不佳。从5月到6月，他不断累积自己的即期和远期合约头寸，平均成交价格为88美分/蒲式耳（在期货交易中，小麦以"美分/蒲式耳"为单位进行交易，一蒲式耳相当于27.2千克）。到了8月，伊利诺伊、艾奥瓦等州的粮食产量低于平均水平，芝加哥粮食库存下降，价格开始稳步上涨。8月4日，小麦价格在90至92美分/蒲式耳区间维持震荡走势。空头很快就意识到，粮食产量不足以支撑他们的交割合约（空头的交易策略是在年初出售合约；他们认为丰收季节粮价会承压，有利于他们获利平仓）。

到了8月18日，哈钦森完全掌控了捉襟见肘的小麦现货市场，并将小麦价格推高至1.87美元/蒲式耳，实现了暴富。不过，此事也促使芝加哥期货交易所后来规定，所有通过订立远期合约阻止实物交割的做法均属违法。

什么是商品期货交易所？

芝加哥期货交易所（Chicago Board of Trade，CBOT）成立于1848年，是世界上最古老的正规商品期货交易所之一。每一家期货交易所的功能都在为商品提供流动性，为买卖双方处理将进行远期实物交割的标准期货合约提供集中交易场所。芝加哥期货交易所的主要农产品交易品种包括：小麦、玉米和猪腩。1864年，芝加哥期货交易推出了第一批标准化的场内期货合约。2007年，芝加哥期货交易所和芝加哥商品交易所（Chicago Mercantile Exchange）宣布正式合并，形成了芝加哥商业交易所集团（CME Group）。十年之后，该集团正式推出了比特币期货的细分商品市场。

1888年，哈钦森又发现了另一个投机赚钱的机会。春天，他一边在现货市场上购入小麦，一边大量买进9月交割的远期合约。当时，芝加哥的小麦库存总量约为1,500万蒲式耳，而哈钦森已经通过现货交易，控制了其中的绝大多数。

9月22日，小麦价格突破了1美元的心理关口。

多年前的那次投机，老哈的平均成本价格还不到90美分/蒲式耳。而这一次，他的对手是包括约翰·库达希（John Cudahy）、埃德温·帕德里奇（Edwin Pardridge）、奈特·琼斯（Nat Jones）等人在内的一群实力强大的空头。等到9月到期交割时，他们一定会找他的麻烦。

直到8月，小麦价格依然稳定在90美分/蒲式耳上下。老哈的直觉又一次应验了。霜冻给当地的粮食产量造成了严重的减产。此外，意外造成了粮食严重短缺，欧洲对小麦的进口需求激增，导致小麦价格大幅上涨。9月22日，小麦价格突破了1美元的重要心理关口。

在远期合约到期的前一天，小麦价格已攀升至1.5美元。
哈钦森将最终结算价格定在了2美元。

9月27日，即9月合约到期前3天，小麦价格涨到了1.05美元，接着快速上涨至1.28美元。踏错节奏的市场参与者们开始恐慌，空头们被迫回补头寸，形成了所谓的"空头踩踏"。凭借大量现货头寸，老哈控制住了市场价格。在合约到期前一天，他向大空头们报出了1.5美元的价格，并将最终结算价格定在了2美元。根据平均交割价格保守估计，老哈大约赚到了150万美元。

然而，他并没有就此收手。在接下来的三年中，老哈亏光了所有利润，最终倾家荡产。

关键内容

- 外号叫"老哈"的本杰明·彼得斯·哈钦森是一名小麦期货交易员，在芝加哥期货交易所从事小麦的即期交易和远期合约交割。通过1866年和1888年对芝加哥小麦市场的逼仓操作，他在几周时间内实现了投资利润翻倍，赚得盆满钵满。
- 芝加哥期货交易所成立于1848年，是世界上最古老的正规商品期货交易所之一。后来，该交易所规定，在现货市场上购买小麦，同时又通过订立远期合约阻止实物交割的做法均属违法。
- 2007年，芝加哥期货交易所和芝加哥商品交易所宣布正式合并，形成了芝加哥商业交易所集团。

第五章

原油：洛克菲勒与标准石油

美国内战触发了第一轮石油繁荣。在此期间，约翰·D.洛克菲勒创立了标准石油公司。短短几年之内，他就通过制定进取型商业战略，控制了包括生产、加工、运输、物流在内的整个石油市场。

竞争是一种罪。

——*约翰·D.洛克菲勒*（John D. Rockefeller）

以前，人们将鲸油当作照明燃料。后来，人们从煤炭或原油中提炼出石油，并以此作为鲸油的廉价替代品，由此开启了现代石油工业的开端。1859年8月27日，埃德温·德雷克上校（Colonel Edwin Drake）在宾夕法尼亚州的泰特斯维尔市附近发现了一处价值不菲的原油矿藏。两年后，美国内战爆发，宾夕法尼亚州第一次出现了石油繁荣。油价涨到了100多美元/桶（以今天的价格计算）。很快，宾夕法尼亚州西北部的农村地区就建起了许多钻井，数百家小型炼油厂遍布油井附近和公路沿线，将石油运输到宾夕法尼亚州匹兹堡和俄亥俄州克利夫兰。这两座城市是重要的铁路枢纽：克利夫兰是纽约中央铁路和伊利铁路的交汇之地，而匹兹堡市则是宾夕法尼亚铁路连接东西的枢纽。这些铁路运输的货物主要是粮食和工业品，不过，石油产品的运输量也在快速增长。

1863年，24岁的约翰·洛克菲勒和弟弟威廉·洛克菲勒（William Rockefeller）一起在克利夫兰建立了一家小型炼油厂。他们是身无分文的德国移民后裔。约翰·洛克菲勒上学时曾当过洗碗工，毕业后当了会计。虽然市场持续波动，但洛克菲勒的炼油厂却开得很成功，生意也越来越好。

石油大量开采导致产量激增，油价从1861年的20美元/桶一路跌到了10美分/桶。不过在内战结束一年之后的1866年，油价又回升至1.5美元以上。

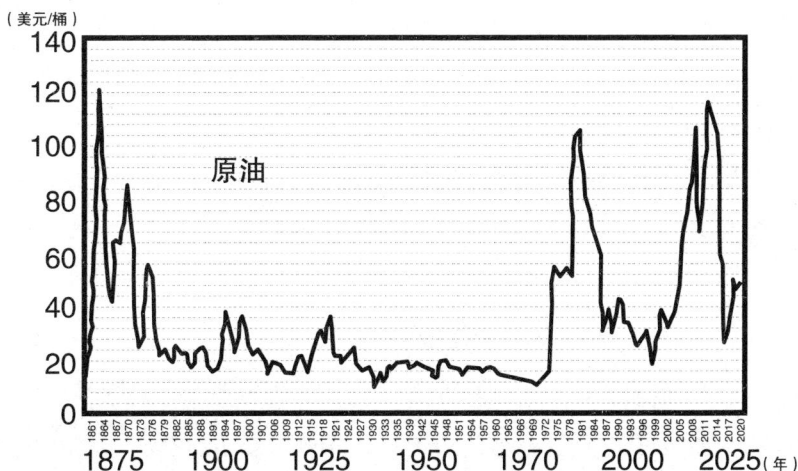

图2：1875—2025年原油价格走势

数据来源：《BP世界能源统计年鉴》，2019年。

1866年，洛克菲勒与弟弟威廉一起建立了第二家炼油厂。1870年，他重组了自己的公司，命名为标准石油公司（Standard Oil Company）。一年后，洛克菲勒和其他炼油厂老板结成联盟，向铁路公司争取运输优惠。此外，洛克菲勒的联盟还要求铁路公司对竞争对手提高运费，直接导致了1872年石油战争的爆发。

1870年底，洛克菲勒就任全国炼油厂协会（National Refiners Association）主席，该协会覆盖了全美80%的炼油厂。洛克菲勒带领标准石油公司不断奋斗，到了1873年，他已经成功收购或控制了宾夕法尼亚州几乎所有的精炼厂。

从原油到超市塑料包装袋

炼油厂将原油分解为各种成分，如轻油、重油、煤油和汽油。通过额外处理，还能从中分解出各类烷烃和烯烃。在20世纪20年代汽车迅速普及之前，生产石油是原油最重要的用途。虽然亨利·福特（Henry Ford）曾打算用乙醇来为他的福特汽车提供燃料，但洛克菲勒家族作为标准石油公司创始人，一直在呼吁大众用石油作为汽车燃料，并取得了成功。今天，石油依然是最重要的一种能源，是所有工业社会的核心，也是许多化工产品的基础原料，例如化肥、塑料和油漆等等。目前，原油产量的四分之三都用于运输行业，电动汽车要想撼动原油的主导地位，至少还需要好几十年。

1875年到1878年，洛克菲勒走遍美国，说服了15家美国最大炼油厂老板加入标准石油公司。规模较小的公司只能跟风加入，否则难逃厄运。比如，1866年成立的真空石油公司（Vacuum Oil Company），就在火灾中被烧成了废墟。有的企业家则将自己的公司以低于市价一半的价格贱卖给洛克菲勒。早在1882年，标准石油公司就已经控制了美国90%以上的炼油业务。

接下来，洛克菲勒将业务重心转向了输油管道和销售网络。他建立起自己的销售渠道，逼迫其他销售企业退出市场。1882年末，国家石油交易所（National Petroleum Exchange）在纽约成立，为石油期货交易提供了便利。

最终，标准石油几乎控制了从石油生产到加工、运输和物流的全美整个原油价值链，并开始在全球石油市场上占据主导地位。

到1913年时，洛克菲勒累积了高达9亿美元的个人财富，完美诠释了美国梦，成为史上最富有的人。

洛克菲勒通过改组公司，推迟了自己石油帝国的覆灭。但他激进的经营策略，最终促使美国颁布了第一部反垄断法。1911年，最高法院下令解散标准石油公司。公司股价一落千丈，而洛克菲勒却大量低吸公司股票。此举让他在随后数年中持续增值资产。

第一次世界大战及日新月异的机械化进程和工业化发展，无不在快速刺激石油需求的激增。最终，标准石油公司被拆分为34家独立公司。今天的埃克森美孚（ExxonMobil）、雪佛龙（Chevron）等知名企业，都是从这些拆分后的独立公司中演化而来的。原公司的其他部门或被逐一清算，或被其他油气公司收购。

1913年时，洛克菲勒的个人财富总额估计为9亿美元，相当于今天的3,000亿美元，相当于福布斯富豪榜首富——亚马逊公司创始人及CEO杰夫·贝佐斯（Jeff Bezos）离婚之前私人财富的两倍多。

洛克菲勒的儿子纳尔逊·洛克菲勒（Nelson Rockefeller）与美国总统失之交臂，于1974年至1977年期间担任副总统。洛克菲勒最小的孙子大卫·洛克菲勒（David Rockefeller）于2017年去世。时至今日，洛克菲勒这个名字依然是巨大财富和慈善家的象征。

关键内容

- 美国内战推动了史上第一轮原油需求增长。油价涨到了100多美元/桶（以今天的价格计算）。

- 约翰·D.洛克菲勒创立了标准石油公司，该公司不仅控制了美国原油市场，还主宰了全球石油市场。

- 随着汽车行业和工业化的崛起，所有发展中国家都进入了石油时代。

- 约翰·D.洛克菲勒从洗碗工成为亿万富翁，是美国梦的完美化身。即便到了2019年，他的名字依然是巨大财富的象征。

- 尽管标准石油公司最终被拆分，但随之产生的埃克森美孚和雪佛龙等公司至今仍在经营。

第六章

小麦：芝加哥大火

1871年10月，芝加哥发生大火，整座城市遭受了巨大破坏，数十万居民无家可归，小麦的储存能力也因此大幅降低。小麦交易员约翰·里昂（John Lyon）却将其视作一个赚钱的良机。

作为消防员，救火不仅是我的职业，更是我的使命。

——电视节目《芝加哥大火》

1871年夏天，美国中西部地区骄阳似火。整个7月到10月，芝加哥及周边地区仅有3厘米降雨。水资源接近枯竭，小型火灾时有发生。10月8日，由于一个谷仓失火，引发了一场史称"芝加哥大火"的大灾难。

西南风加速了火势蔓延，毗连的房屋一间接一间地被点燃。大火很快就烧过了芝加哥河，来到了市区中心。消防员花了整整两天时间，才控制住火情。而此时，过火面积已达8平方千米，17000多座建筑物在大火中被损毁，三分之一的市民失去了自己的家园，造成损失估计超过2亿美元。除了芝加哥市内大部分地区严重受灾之外，在17个芝加哥期货交易所（CBOT）授权的小麦仓库中，6个仓库被完全烧毁。

从事大宗小麦交易的约翰·里昂从中窥探到赚钱的商机，便与另一位交易员休·梅尔（Hugh Maher）联手，企图操控小麦市场。

小麦期货是什么

在期货交易所中，小麦交易分为不同品种。在美国，小麦分别在芝加哥期货交易所（CBOT）和堪萨斯城期货交易所（KCBT）进行交易。芝加哥期货交易所的软红冬小麦（软小麦）交易量，大于堪萨斯的硬红冬小麦（硬小麦）交易量。芝加哥交易的小麦主要生长在得克萨斯州中部、五大湖和大西洋地区。而堪萨斯交易的小麦，则主要生长在堪萨斯州、内布拉斯加州、俄克拉何马州和得克萨斯州的部分地区。

在芝加哥期货交易所，小麦交易代码为W，再加一个字母和数字，代表当前合约的交割月份。例如，WZ9代表2019年12月交割的小麦合约。一手合约为5,000蒲式耳，相当于136吨小麦。

1872年春天，里昂二人开始在现货和期货市场上买进小麦。小麦价格在7月初持续上涨，8月交割的合约价位在1.16—1.18美元/蒲式耳之间。7月初，平均每天只有14,000蒲式耳小麦送运抵芝加哥，而到了月底，小麦期货价格已攀升至1.35美元。作为回应，运往芝加哥的小麦数量越来越多。

8月初，每天约有2.7万蒲式耳的小麦运抵芝加哥。这时，幸运又降临到里昂的头上。另一个仓库又被烧毁了，芝加哥本就紧张的小麦储存容量又减少了3万蒲式耳。据市场传闻，恶劣天气导致收成低于平均水平，推动小麦价格进一步走高。8月10日，在双重因素的共同推动之下，8月小麦合约上涨至1.50美元。8月15日，价格涨到了1.60美元。随后，命运之轮开始转动。

随着越来越多的小麦运抵
芝加哥，里昂不得不认输。

在高昂价格的激励之下，农民们开始不分昼夜地加速收割。8月第二周，每天运抵芝加哥的小麦达到了7.5万蒲式耳；一周后，该数字增加到17.5万蒲式耳。在8月剩下的日子里，每天运抵芝加哥的小麦增加到近20万蒲式耳。

由于芝加哥的小麦价格高企，原本从芝加哥发往水牛城的小麦又被运了回来。不断新建的仓库，让芝加哥的小麦储藏量增加至1,000多万蒲式耳，比火灾之前还多出了200万蒲式耳！

为了锁定利润，稳定价格，里昂及其合伙人不得不买进运抵芝加哥的所有小麦。但他们在当地银行加了融资杠杆，很快就没钱继续买进了。

8月19日星期一，里昂不得不认输。他再也买不起现货市场的小麦了。8月交割的小麦价格下跌了25美分，次日又继续下跌了17美分。这次暴跌彻底打翻了里昂的如意算盘，他已经没钱去追加保证金了。其操纵市场的企图，最终以破产和倾家荡产而告终。

关键内容

- 1871年的芝加哥大火导致了城市被严重破坏，数十万居民无家可归。

- 随着小麦仓库数量的大幅减少，约翰·里昂和投机客们看到了小麦期货市场的巨大商机，试图联手操控小麦市场。但是，小麦价格的上涨也导致了运抵芝加哥的小麦数量不断增加。小麦期货价格在1.60美元见顶，而后开始暴跌。

- 里昂等人没钱追加保证金，其操控小麦市场的企图以破产和倾家荡产而告终。

第七章

原油：点石成金的奥纳西斯

1956年

　　希腊船王亚里士多德·奥纳西斯是上流社会的象征。他虽出身无名，却有点石成金的本事，打造了世界上最大的货运和油轮船队。他建造超级油轮运输原油，赚得盆满钵满。他还与沙特王室签订了独家合同，并在苏伊士运河冲突中成为主要赢家之一。

　　经商的秘诀在于，别人不知道的事情你知道。

　　　　　　　　　　　　——*亚里士多德·奥纳西斯*（Aristotle Onassis）

2005 年 12 月初，世界上最年轻的亿万富翁，20 岁的雅典娜·鲁塞尔（Athina Roussel）与 32 岁的巴西马术运动员阿尔瓦罗·阿方索·德米兰达·内托（Alvaro Alfonso de Miranda Neto）喜结连理。他们的婚礼在巴西圣保罗举行。婚宴为 1,000 名宾客准备了 1,000 瓶凯歌香槟，规格极其奢华。雅典娜是希腊船王亚里士多德·"阿里"·苏格拉底·奥纳西斯（Aristotle "Ari" Socrates Onassis）的唯一财产继承人，也是奥纳西斯家族的最后一名继承人。当她结婚时，她的外公奥纳西斯已经快 100 岁了。

作为20世纪50年代、60年代和70年代上流社会的核心人物，亚里士多德·奥纳西斯通过建造超级油轮运输原油发家致富。和洛克菲勒一样，奥纳西斯成为金钱和财富的代名词。不过，他的成功并非一帆风顺。

奥纳西斯家族最初靠经营烟草起家。其父在希腊港口士麦那（Smyrna）打造了一支十船舰队。奥纳西斯本人接受过良好教育，16岁时便会说四国语言：希腊语、土耳其语、英语和西班牙语。1922年，土耳其人夺回了自第一次世界大战以来一直被希腊统治的士麦那（今天的伊兹密尔）。为躲避战乱，奥纳西斯一家不得不抛下所有家产，身无分文的他来到了阿根廷，靠进口烟草谋生，偶尔也靠打工维持生计。

20世纪30年代，奥纳西斯从世界经济危机中洞察到大宗原油运输的巨大商机。

趁着20世纪30年代经济危机之机，奥纳西斯进入了大宗原油运输行业。此前有传言称，加拿大国家轮船公司因面临严重的财务危机，正在抛售几艘货轮。奥纳西斯花光了自己所有的积蓄，以12万美元的价格，购买了当时价值120万美元左右的六艘破船。

这一大胆的投资举动，为奥纳西斯的帝国奠定了基础。在随后的经济复苏中，他购买的船只很快就带来了经济回报。在第二次世界大战开始时，奥纳西斯的货轮和油轮船队已经扩大到46艘，他将船只租给盟军，并从中大赚了一笔。

奥纳西斯的女人们

亚里士多德·奥纳西斯与希腊另一家成功的航运业巨头联姻，娶了这家的女儿阿提娜·蒂娜·利瓦诺斯（Athina Tina Livanos）。然而，两人在20世纪50年代就离婚了，因为奥纳西斯移情别恋，与著名歌剧天后玛丽亚·卡拉斯（Maria Callas）开始了长期恋爱关系，后者为了他，与自己的丈夫分居了。1968年，奥纳西斯迎娶了美国总统约翰·肯尼迪的遗孀杰奎琳·肯尼迪（Jacqueline Kennedy）。结婚时的奥纳西斯已经62岁了，而杰奎琳比他小23岁。由于杰奎琳在旅行和购物上花费巨大，奥纳西斯给她起了个外号，叫"超级油轮"，称她的花销足够买一艘油轮了。

战争期间，奥纳西斯将油轮旗帜换成了中立的巴拿马国旗，因此未受海战影响。随着越来越多的货船在冲突中蒙受损失，奥纳西斯油轮船队的收费也越来越贵，财富滚滚而来。战后，他继续购买新船，打造了世界上最大的私人商业船队。1950年，他委托德国霍华德船厂（German Howaldt）建造了全球最大的油轮，全长236米。

可直到1954年春天，48岁的奥纳西斯才取得了事业上的真正突破。凭借暗箱操作和私人友谊，他与沙特阿拉伯王室签署了一项利润丰厚的协议——奥纳西斯不仅获得了沙特国王的独家原油运输权，而且几乎每个月都要为其建造一艘新的超级油轮。此外，奥纳西斯还有权参与原油销售。他和沙特阿拉伯共同成立了沙特阿拉伯油轮公司，计划打造25到30艘的油轮船队，负责运输其国内约10%的原油。

根据皇家法令，阿美石油公司（Aramco）必须使用沙特阿拉伯的船只来运输此前靠其他租用油轮运输的吨位。阿美石油公司是标准石油公司（新泽西）、加利福尼亚标准石油公司、真空石油公司和得克萨斯标准石油公司的合资企业。自1933年以来，阿美石油公司与伊本·沙特国王（King Ibn Saud）签署了特许权协议，负责运输世界石油产量的近10%。

沙特阿拉伯生产的石油中，约有一半通过石油管道运往黎巴嫩；另一半则通过油轮运输。在油轮市场中，40%的原油都是用阿美石油公司自己的油轮运输的；而剩下60%的原油，则由该公司通过租船来运输。

苏伊士运河冲突为奥纳西斯带来了巨大商机。

在进军原油运输行业后，奥纳西斯也为自己树立了强大的敌人。美国为了维护其自身影响力，试图从中作梗。20世纪50年代，欧洲90%的石油来自中东，沙特阿拉伯是中东地区最大的产油国。欧洲也不想让奥纳西斯的油轮来运输石油。最终，奥纳西斯与沙特阿拉伯的运输协议以彻底失败而告终。没有了新的订单，奥纳西斯的油轮只能在世界各地的船厂闲置。到了1956年，苏伊士危机让他有了翻身的机会。

随着原油对经济的重要性不断增加，石油通过苏伊士运河，从生产国源源不断地运出，欧洲各国对苏伊士运河的依赖也与日俱增。但是，埃及新总统贾迈勒·阿卜杜勒·纳赛尔（Gamal Abdel Nasser）的民族主义政策，不仅加剧了埃及与以色列的矛盾，更加剧了埃及与运河的实际控制者——英国和法国之间的冲突。埃及封锁了亚喀巴湾和苏伊士运河，禁止以色列船只进入。而后，1956年7月26日，纳赛尔又将苏伊士运河收归国有。

作为回应，英国首相安东尼·艾登（Anthony Eden）与以色列和法国发动了"火枪手行动"（Operation Musketeer）。10月29日，以色列入侵了加沙地带和西奈半岛，部队迅速向苏伊士运河推进。两天后，英法轰炸了埃及机场。埃及军队很快就连连败退，战事于1956年12月22日结束，但沉没的船只却堵塞了苏伊士运河，直到1957年4月才得以疏通。

这场危机彻底拯救了奥纳西斯。其他任何油轮商人，都没有他那么大的石油运力——他手里有100多艘闲置的油轮，几乎没有竞争对手。奥纳西斯将运输费提高了一倍，再一次发了大财。1967年爆发的六日战争，为他提供了类似的机会。在后来1973年的石油危机中，奥纳西斯的奥林匹克海事公司（Olympic Maritime Company）又赚得1亿多美元的利润。

亚里士多德·奥纳西斯靠运输原油发家致富。
他奢华的生活方式和与杰奎琳·肯尼迪的婚姻，
让他成为社会名流。

据传，奥纳西斯当时的个人总资产已超过了10亿美元。在事业方面，他还涉足过其他领域：他收购了日内瓦的多家银行，创建了奥林匹克航空公司，在纽约第五大道修建了奥林匹克大厦，还买下了希腊的斯科皮奥斯岛。后来，奥纳西斯迷恋上了摩纳哥。在他到来之前，那里只是一个无趣而冷清的小地方。在摩纳哥的蒙特卡洛，奥纳西斯购买了风景优美的酒店、数十栋房屋和别墅，修建了配套民生设施和海滩俱乐部，并重建了港口和赌场。他举办过很多有名的游艇派对，邀请的嘉宾包括美国总统约翰·肯尼迪夫妇、英国首相温斯顿·丘吉尔（Winston Churchill）、欧内斯特·海明威（Ernest Hemingway）以及其他政商名流和好莱坞明星。奥纳西斯甚至为摩纳哥的雷尼尔亲王（Prince Rainier）和美国女演员格蕾丝·凯利（Grace Kelly）当过月老，让摩纳哥成为欧洲富人和美女的天堂。

关键内容

- 希腊船王奥纳西斯通过打造庞大的油轮船队运输原油以及与沙特王室的良好关系，赚得盆满钵满。
- 他从1956年的苏伊士运河危机和20世纪70年代的石油危机中获得了巨额利润。
- 奥纳西斯与歌剧天后玛丽亚·卡拉斯恋爱，又与约翰·肯尼迪的遗孀杰奎琳·肯尼迪再婚，成为国际社交名流的象征。
- 奥纳西斯的个人资产超过了10亿美元，他扶持摩纳哥的雷尼尔亲王，并将摩纳哥打造为富人和美女的天堂。

第八章

大豆：新泽西失踪案

1963年

豆油期货是1963年美国信贷危机的导火索。商人们垄断大豆市场的企图以一败涂地告终，导致多家公司破产，并造成1.5亿美元的损失（相当于今天的12亿美元），就连美国运通、美国银行和大通曼哈顿银行等大型金融机构也未能幸免。

你们给众多美国同胞造成了天大的损失！

——雷尼尔·沃滕迪克（Reynier Wortendyke），美国联邦法官

工人们用水装满油箱，企图在仓库检查时蒙混过关，其目的是掩盖美国史上最大的信贷诈骗案之一。乍一看，这就像好莱坞电影里的情节，其实是为了垄断大豆市场。这个拙劣计划的崩溃，造成了超过1.5亿美元的损失（相当于今天的12亿美元），其影响波及美国的整个商界。

处于这场信贷风暴中心的，正是新泽西州的联合植物油提炼公司（Allied Crude Vegetable Oil），其老板是安东尼·蒂诺·德·安吉利斯（Anthony Tino De Angelis）。当他的图谋最终落空之后，引发了类似2008年雷曼兄弟破产时的结果。1963年11月的一个晚上，在华尔街的艾拉·豪普特经纪公司（Ira Haupt & Co.）里，几个员工和经营合伙人莫顿·卡默曼（Morton Kamerman）坐在会议室里，与德·安吉利斯通电话。双方态度越来越激动，德·安吉利斯指责卡默曼毁掉了自己的公司。虽然卡默曼并不分管交易业务，但他也知道，德·安吉利斯是公司最重要的客户之一。艾拉·豪普特公司竭尽所能，四处寻找愿意大量收购豆油的买家，可依然没有找到。次日清晨，卡默曼对公司的大宗商品交易业务有了更深的了解。可随之而来的，是联合植物油提炼公司的资不抵债，和由此而导致的艾拉·豪普特公司的破产。

大豆背景知识介绍

大豆主要用于压榨豆油和豆粕，其产地和出口地主要分布于美国的"玉米带"（伊利诺伊州和艾奥瓦州）、巴西和阿根廷。上述地区的大豆总产量约为2.15亿吨，约占全球大豆收成的80%。大部分的大豆都会先制作豆油，剩下的豆粕则主要用作生产原料。大豆、豆粕和豆油均在芝加哥期货交易所进行交易，交易单位为"美分/磅"，交易代码为S、SM、BO等字母加上合约月份组合而成，例如"S F0"代表交割日期为2020年1月的大豆合约。

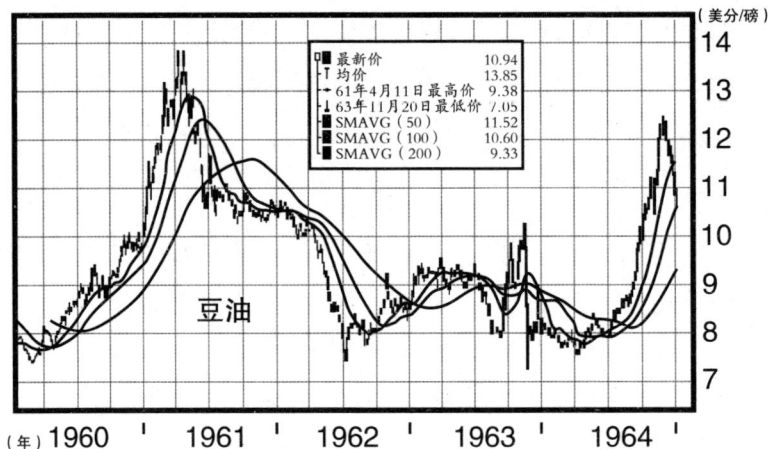

图3：1960—1964年豆油价格走势，芝加哥期货交易所

数据来源：彭博社，2019年。

德·安吉利斯于1955年成立了联合植物油提炼公司，购买政府补贴的大豆压榨豆油，并将产品销往国外。他生于1915年，是意大利移民的儿子，在纽约的布朗克斯区长大。作为大宗商品交易商，他经营棉花和大豆。在1958年至1962年期间，他在新泽西州的巴约纳市建了一个炼油厂，租了139个油罐，其中许多油罐有五层楼那么高。联合植物油提炼公司向美国运通的子公司美国运通仓储公司支付费用，并委托其完成油品的仓储、质检和认证工作。1962年，德·安吉利斯的大豆和棉籽油产量达到了全美总产量的四分之三。但是，为了在高度竞争的行业中，为公司的快速发展提供资金，他以自己生产的油品作为抵押，加大了融资杠杆，得到了更多资金。

然而，联合植物油提炼公司并没有足够的油品为其融资贷款提供担保，而这就是整件欺诈案的开端。美国运通仓储公司进行了详细调查，如果按照美国农业部的月度数据，全美的仓储容量都不够存放德·安吉利斯的豆油。情况最严重时，德·安吉利斯的融资额度是巴约纳市可储存容量的3倍。可德·安吉利斯毕竟是美国运通的最大客户，其员工为了应付抵押物检查，要么将油在油罐之间相互抽调，要么干脆用水来冒充，将大量水注入油罐，只装入少量的油。利用上述欺诈手段，德·安吉利斯不断获得了新的贷款额度。

可是，公司却并没有拿借来的钱去扩大生产，而是用于投机，在芝加哥的期货交易所炒作大豆期货。德·安吉利斯投入了大量资金做多大豆，他只需要缴纳交易数额的5%作为保证金。然而，要想持有更多头寸，垄断大豆市场，他必须有更高的信贷额度才行。

德·安吉利斯的期货经纪商是华尔街的艾拉·豪普特公司和J. R. 威利斯顿·比恩公司。两家机构均同意为不存在的豆油库存继续提供贷款，并通过大通曼哈顿（Chase Manhattan）和伊利诺伊大陆（Continental Illinois）等商业银行来办理股权融资。

到了1963年中，德·安吉利斯手中持有的大豆头寸已经积累到1.2亿美元（12亿磅）。这意味着，大豆价格每波动1美分，德安吉利斯就会浮盈或浮亏1,200万美元。在一定时期内，德安吉利斯保持了盈利。1963年秋天，在六周时间内，豆油的价格从3.2美分/磅涨到了10.3美分/磅。然而，11月15日，由于苏联计划从美国进口更多粮食，对市场形成重大利空，豆油价格崩盘，联合植物油提炼公司随之破产。

德·安吉利斯欺骗了他的债权人。
如果按今天的价格计算，他总共造成了10亿多美元的损失。

在短短四个小时内，豆油价格就跌到了7.6美分/磅，芝加哥期货交易所要求经纪商艾拉·豪普特公司追加保证金，可由于其最大客户德·安吉利斯已经没钱了，艾拉·豪普特公司也无力缴纳保证金。即便美国和英国的银行又提供了3,000万美元的贷款，也不足以挽救艾拉·豪普特公司。而威利斯顿·比恩公司因股权价值缩水，不得不接受沃尔斯顿公司（Walston & Co.）的收购。

大豆市场出现暴跌，联合植物油提炼公司也随之破产。

在联合植物油提炼公司破产之际，债权人对公司的油罐进行了仔细检查，最后确认豆油库存仅有1亿磅，远低于18亿磅，账实不符的豆油价值高达1.3亿美元。

许多银行、经纪商、油品交易商、仓储公司都受此牵连，其中不乏美国银行、大通曼哈顿银行、伊利诺伊大陆银行、威利斯顿·比恩公司、邦吉集团和美国运通仓储公司等知名金融机构和公司。最主要的受害者当属美国运通仓储的母公司，它收到了来自43家公司的起诉，诉讼金额超过1亿美元。欺诈事件曝光之后，美国运通股价出现了腰斩。不过，这件丑闻并未获得多少关注，因为就在此事发生两天之后，美国总统肯尼迪在达拉斯遇刺身亡。

艾拉·豪普特公司背上了近4,000万美元的债务，无力偿还，连累了2万多名公司客户。比经济赔偿更糟糕的是，这件事损害了美国企业的声誉。1965年，德·安吉利斯因欺诈罪被判处十年监禁。

关键内容

· 1963年，安东尼·蒂诺·德·安吉利斯的联合植物油提炼公司引发了美国史上最大的商业信贷欺诈案，其危害程度堪比2008年的雷曼兄弟破产案。

· 联合植物油提炼公司通过伪造豆油库存等欺诈手段，获得了巨大的信贷额度，并在芝加哥期货交易，用借来的钱炒作大豆和豆油期货，疯狂做多。最终，大豆市场于1963年11月崩盘，联合植物油提炼公司随之破产。

· 许多银行、经纪商、油品交易商、仓储公司都受此牵连，其中不乏美国银行、大通曼哈顿银行、伊利诺伊大陆银行、威利斯顿·比恩公司、邦吉集团和美国运通仓储公司等知名金融机构和公司。

- 不过，这件天大的丑闻并未获得多少关注，因为就在此事发生两天之后，美国总统肯尼迪在达拉斯遇刺身亡。

第九章

小麦：饥饿的苏联熊

随着苏联开始大量购买美国小麦，美国的小麦价格上涨了三倍。理查德·丹宁斯抓住机遇，在大宗商品交易领域闯出了一番天地。

如果你在狼群中生活，就必须像狼一样行事。

——尼基塔·赫鲁晓夫（Nikita Khrushchev）

在资本市场史上，1972年被称为"苏联粮食大劫案"之年。由于粮食歉收，苏联专员们走遍了美国各地，尽可能多地购买小麦。他们的行为不仅影响了粮食市场，也改变了年轻的交易员理查德·丹宁斯的一生。

20世纪70年代初，美国废除了金本位制，导致美元走弱。与此同时，小麦的交易价格接近1美元/蒲式耳，处于历史最低水平。这并不奇怪，因为小麦生产本来就依赖于政府的大量补贴。但是，随着美元逐渐走弱，美国产品变得更具竞争力，尤其是许多农产品。因此，随着出口逐渐回暖，商品价格也开始出现同步上升：粮食的价格也不例外，它们正从沉睡中慢慢苏醒。

在资本市场史上，1972年被称为"苏联粮食大劫案"之年。

天气永远都是影响农产品价格的一个关键因素。在连年丰收之后，全球粮食产量于1972年起开始下滑。恶劣天气导致美国、加拿大、澳大利亚和苏联等重要粮食生产国的产量出现了下降。与1970—1971年相比，1973—1974年，澳大利亚的小麦库存下降了93%，加拿大下降了64%，美国下降了59%，均处于历史最低水平。

图4：1970—1977年小麦价格走势，芝加哥期货交易所

数据来源：彭博社，2019年。

1972年7月至8月，苏联人购买了近1,200万吨美国小麦，约占美国总产量的30%，净成交额约为7亿美元。由于农民的小麦供不应求，小麦价格出现暴涨，从20世纪70年代初的2美元下方上涨到1974年的6美元上方。与此同时，玉米价格也出现了大幅上涨，从不到1.5美元涨到了接近4美元，大豆价格则涨了两倍多，于1973年6月达到12美元上方后见顶。

天气难题

堪萨斯州小麦（硬红冬小麦）的收成主要用于出口。但一年之中，小麦产量会受到天气变化的三次威胁：深秋时节，天气太热太干燥或太冷太潮湿，均不利于种子发芽；冬季突然降温会影响小麦生长；最后，春季的降雨会阻碍小麦授粉。鉴于上述因素的影响，作物的质量、产量和价格常常会出现巨大的波动。

农产品价格的飙升对年轻的理查德·丹宁斯而言是一件好事。他曾在芝加哥和路易斯安那州的杜兰大学读书。1966年，17岁的他以学生的身份在芝加哥商品交易所实习。他用家里给的2,000美元作为启动资金，开始了投机交易，先是在中美洲商品交易所进行小额合约交易，后来又转战芝加哥商品交易所。

1972年，23岁的丹宁斯发现了农产品价格的新趋势。他观察到了小麦的上涨行情，并成功做多。一年后，即1973年，他利用趋势跟踪系统，将自己的初始资金做到了10万美元，并用这些钱持续买进头寸，循环投资。1974年，仅在大豆期货上，他就赚了50万美元。到了年底，他在25岁的年纪就成为百万富翁。

1977年，由于东欧粮食歉收，
1972年苏联的农产品购买狂潮再次上演。

三年之后，历史重演了。1977年，苏联最高苏维埃主席团主席勃列日涅夫宣布，全国小麦收成不足2亿吨。消息一出，令市场哗然，因为美国农业部和情报部门都预测苏联会丰收。

此时，苏联已经从美国、加拿大、澳大利亚和印度购买了1,800万至2,000万吨小麦。根据联合国粮农组织（FAO）的数据，全球小麦产量约为6亿吨。但其中，用于全球贸易的仅占很小一部分，大量的小麦都用于本国消费了，而全球贸易中的一些小变化，就能引发全球市场上农产品价格的剧烈波动。

与此同时，丹宁斯的事业还在继续飞速发展。20世纪80年代初期，他的资金已经达到了约2亿美元。35岁时，他被誉为"交易厅王子"，是全世界最受人瞩目的大宗商品交易员。

1983年和1984年，丹宁斯招募并培训了21名男员工和2名女员工从事大宗商品交易。他的团队被称作"海龟派"，因为丹宁斯有一句时常被人引用的名言：你可以像在实验室里培育海龟一样培养交易员。五年之后，他的团队帮他赚到了1.75亿美元的利润。

关键内容

- 由于粮食歉收，苏联专员不动声色地迅速购买了美国小麦产量的30%。因此，1972年成为著名的"苏联粮食大劫案"之年。
- 粮食短缺和苏联的购买行为造成了粮食价格的飙升：小麦在1970年以2美元的价格成交，而到了1974年，价格已涨到了6美元上方，是一年之前的三倍。玉米价格从1.5美元上涨到了近4美元，而大豆价格也在1973年夏天突破了12美元关口。
- 23岁的理查德·丹宁斯洞察到农产品价格的新趋势，开始做多小麦。两年后，他成为百万富翁。十年之后，他赚到了2亿美元，被人们誉为"交易厅王子"。

第十章

黄金：金本位时代的终结

1973年

几个世纪以来，黄金和白银一直是公认的法定货币。然而，19世纪末期，白银逐渐丧失了法币地位，仅剩黄金单独支撑。1973年，布雷顿森林体系瓦解，金本位时代也宣告终结。出于对主权债务水平的考虑，许多投资者都改变了贵金属的投资策略。

和其他商品一样，黄金和白银都具备自身的内在价值，其价值不是任意的，而是取决于其稀缺性，开采贵金属所需的劳力，以及生产这些贵金属的矿场所投入的资本价值。

——*大卫·李嘉图*（David Ricardo）

你必须作出选择，要么选择相信黄金的天然稳定性，要么选择信任政府官员的诚信和智慧。我非常尊敬这些绅士们，但只要资本主义制度还在，我就会建议你们选择相信黄金。

——*萧伯纳*（George Bernard Shaw）

只有黄金才是货币，其他的全部都是信用。

——*J. P. 摩根*（J. P. Morgan）

2011年6月，美国铸币局宣布，银币的销售量比上月增加了30%。鹰银币的销售量高达360多万枚，美国铸币厂已达到其产能极限，投资者对银币的热情也达到了巅峰。加拿大皇家铸币厂、澳大利亚珀斯铸币厂以及总部设在维也纳的奥地利铸币厂（维也纳爱乐乐团硬币的生产者）的银币销售也屡创新高。2011年3月，报纸的头条新闻称，美国犹他州正在考虑，再次恢复黄金和白银的法币地位。犹他州的打算在美国并非个案，科罗拉多州、佐治亚州、卡罗来纳州、田纳西州、佛蒙特州和华盛顿州也同样在寻求方法，恢复具备稳定价值的黄金的法币地位。

这个乍一看令人好奇的转变，让许多投资者陷入了沉思。毕竟，纸币不与金银等贵金属挂钩，将其作为法定货币，是一种较新的尝试。到了20世纪70年代初期，尼克松总统于1971年终止了美元与黄金的可兑换性，以固定汇率制度为基础的布雷顿森林体系于1973年瓦解，所有货币均可以兑换成黄金。此时，金本位时代才彻底终结，由不兑现纸币取而代之。

不兑现纸币是没有内在价值的，通常由各国政府确立并负责监管。因此，在国际金融市场上，不兑现纸币存在的时间尚不足50年。

与金银脱钩的国际货币体系存在的时间尚不足50年。

在第一次世界大战之前，金本位制是全球的主流货币体系。在纯粹的金本位制之下，一国的货币供应量等于其黄金储量。然而，美国在经历了1929年的经济大萧条和1931年的银行危机之后，金本位面临的压力与日俱增。英国在1931年9月的英镑危机中，暂停了英镑与黄金的自由兑换，标志着国际金本位制的崩溃。随着金本位制导致美元日渐贬值，美国也开始逐渐脱离金本位制。1933年，美国总统富兰克林·D.罗斯福（Franklin D. Roosevelt）宣布，私人持有黄金将视作违法。这样一来，政府就可以发行更多纸币，来应对经济大萧条。

金本位还是银本位？

在大的历史背景之下，金本位制只是全球金融市场中的一个短暂过渡。数百年来，白银才是占据市场主导地位的货币。大多数国家采用的都是银本位制或双本位制。与金本位制类似，在银本位制下，流通中的货币总量与白银挂钩，而双本位制则额外规定了黄金和白银之间的固定兑换比例。多年来，美国的黄金和白银的兑换比例一直是1∶16。所谓"金银比"（gold-silver ratio）是指购买一单位黄金需要多少单位的白银。

在银本位和金本位双双终结之后，金银比一直保持在1∶10到1∶100之间波动。20世纪80年代初期，金银比跌至1∶20。20世纪90年代初期，金银比重回1∶100的峰值。2009年至2010年，银价涨势比金价更为迅猛。2008年底，1克黄金可兑换80克白银；到了2011年中期仅可兑换40克白银，而到了2019年，金银比又回落至1∶50。考虑到自然储备和金银的年产量，金银比的长期变动趋势为1∶10。

第二次世界大战之后，全球经济和政治中心向美国转移。国际货币体系在布雷顿森林体系的基础上重新建立，与黄金挂钩的美元成为新的全球储备货币。

各国央行均有义务向他国央行以1.23美元/克黄金的固定价格兑换外汇。然而，自20世纪60年代以来，美国由于赤字不断，黄金储备一直在下降。巨大的社会福利支出，加上越战导致的财政负担日益沉重，不仅加速了美国经常账户赤字，刺激了通货膨胀，还降低了国际社会对美元的信心。1970年，美元供应量首次超过了美国的黄金储备。次年8月，美国总统尼克松宣布，停止美元与黄金的兑换，史称"尼克松冲击"。但是，布雷顿森林体系直到1973年才彻底瓦解，由浮动汇率制度取而代之。此后，金本位制变成了历史，一去不返。

图5：1973—2013年金银比走势

数据来源：彭博社，2019年。

今天，各国央行和国际货币基金组织（IMF）等超国家组织共持有3.3万吨黄金，几乎占了已知的黄金地面库存总量的20%。

白银为黄金让路

19世纪末，在多种因素的共同影响之下，白银逐渐失去了其法定支付功能。一方面，英国作为世界头号经济强国，有实力让金本位制成为主流，打击由法国主导的、以银本位制为基础的拉丁货币。另一方面，随着美国加利福尼亚和澳大利亚相继发现金矿，全球黄金产量增加了十倍，导致黄金价格有所回落。这使金本位制变得更具吸引力。1871年，德国从银本位制转向了金本位制。随着各国纷纷从银本位制或双本位制转向金本位制，白银出现了供应过剩。在此后的几十年中，供应过剩一直对银价产生着影响。

不过，人们更关心的是许多国家的偿付能力，例如美国、日本和一些欧洲经济体。2007年春天，美国房地产崩盘，进而引发了全球金融和经济危机。而各国采取的危机应对措施，又导致了国债危机和货币供应的爆炸式增长。

主权危机和信任缺失导致投资者将目光转向黄金、白银和加密货币。

2018年，全球债务激增至320万亿美元，而全球GDP才增长至80万亿美元。自1971年以来，美元的购买力下降了90%以上。国际评级机构调降了葡萄牙、爱尔兰、希腊和西班牙等欧洲国家（俗称"PIGS"国家）的评级。美国也面临着信用等级下滑的风险。面对这一切，金条、银条、金币、银币虽然不再是法定货币，却依然受到投资者的追捧，比特币也成为一种投资替代方案。除了法定货币之外，与黄金挂钩的加密货币是另一投资选择。看起来，金本位制虽然不为政府机构所青睐，但在私人投资者当中，却出现了抬头之势。

关键内容

- 1933年，美国总统富兰克林·D.罗斯福颁布了第6102号行政命令，宣布私人持有金条或金币属于非法行为，最高可判处十年监禁。所有私人持有的黄金必须以0.71美元/克的价格，上交给美联储，换取纸币。直到1975年，美国总统杰拉尔德·福特（Gerald Ford）才解除对私人持有黄金的禁令。
- 第二次世界大战之后，美元成为全球储备货币，以固定汇率的形式与黄金挂钩，而所有其他货币则与美元挂钩（即"金本位制"）。
- 随着美债走向失控，美国总统尼克松于1971年宣布，停止美元与黄金的兑换，史称"尼克松冲击"。
- 随着1973年布雷顿森林体系的彻底瓦解，自由的浮动汇率制度取而代之。这是经济史上最伟大的尝试之一。在浮动汇率制之下，各国货币的汇率是自由浮动的，除了国家政府信用之外，没有任何抵押品可作为支撑。

第十一章

原油：20世纪70年代的石油危机

1973年、1979年

20世纪70年代，全世界都在应对1973年和1979年的石油危机。中东将原油作为政治武器，制造了西方发达国家的经济混乱局面。在此之前，这些国家并未意识到其日益增长的能源依赖和能源供应安全的问题。

石油峰值是指全球石油开采速度达到最大值的时间点，
在此之后，石油产量将进入下降通道。

——维基百科对"石油峰值"的定义

1973年11月25日，星期日。由于政府颁布了一项驾驶禁令，德国的高速公路上，竟然一辆车都没有！同一天，在丹麦、荷兰、卢森堡或瑞士等国，也基本上没有人开车上路。在一周之前，也就是11月19日，德国出台了为期四周的"周日驾驶禁令"，同时还规定，高速公路限速100千米/小时，普通道路限速80千米/小时。而值得指出的是，在当今世界，作为梅赛德斯、宝马和奥迪等知名汽车品牌的故乡，德国是为数不多的高速公路不限速的国家之一。德国人都爱车！可面对石油危机导致的能源价格飙升，德国政府不得不出台了上述禁令。

石油危机的爆发，是由于20世纪70年代初期，中东冲突持续升级所导致的。冲突双方为阿拉伯国家和以色列。在1967年的六日战争中，以色列征服了戈兰高地和西奈半岛，占领了加沙地带、约旦河西岸和东耶路撒冷。阿拉伯国家要求以色列立刻从被占领地区撤离，国际社会对以色列的施压也随之增加。然而，以色列对报复警告置若罔闻，也没有接受埃及提出的只要归还西奈半岛，就签署和平协议的建议。1973年10月6日，就在犹太人的宗教圣日赎罪日（Yom Kippur）这一天，埃及和叙利亚一起对以色列发动了袭击。

起初，叙利亚在戈兰高地取得了一些战果，埃及也在西奈半岛占据了上风。然而，美国却为以色列提供了大量军事资源，让这个小国最终改变了战事走向。随后，阿拉伯国家做出了另一种选择。

1973年10月17日，欧佩克决定将原油当成一种政治武器。

1973年10月17日，所有的阿拉伯石油生产国联手反击，在同年9月的生产水平上减产5%。他们还对以色列的亲密盟友美国和荷兰发起了全面抵制，拒绝为其供应石油。随后，欧佩克宣布，将持续限制石油产量，直到所有被占领地区获得解放，巴勒斯坦人民的权利得到恢复为止。第一次石油危机就此爆发。

什么是欧佩克？

　　石油输出国组织，又名欧佩克（OPEC），于1960年成立于巴格达，其五个创始成员国分别是：伊拉克、伊朗、科威特、沙特阿拉伯和委内瑞拉。随着新油田的不断开发，全球石油供大于求，导致油价在20世纪50年代出现了持续下滑。为了应对这种情况，欧佩克应运而生，旨在让所有欧佩克成员国就原油产量达成共识，以便将全球市场的油价控制在目标区间之内。一直以来，欧佩克都是打破"西方石油七姐妹"势力的主要推动力。截至2019年3月，欧佩克成员国已发展至14个：阿尔及利亚、安哥拉、厄瓜多尔、赤道几内亚、加蓬、伊朗、伊拉克、科威特、利比亚、尼日利亚、刚果共和国、沙特阿拉伯、委内瑞拉和阿拉伯联合酋长国，其总产量占全球石油产量的44%左右，总储备占全球探明石油储备的80%左右。截至目前，在所有欧佩克成员国中，沙特阿拉伯的原油产量最大，2018年每天生产原油约1,200万桶。美国能源署（EIA）的数据显示，最大的非欧佩克原油生产国包括俄罗斯、美国、中国、墨西哥、加拿大、挪威和巴西。

　　在此之前，西方发达国家一直活在幻想之中，以为全球的能源储备用之不竭，无须担心能源供应安全问题，对原油的依赖程度也与日俱增。因此，突发的石油禁运对许多发达国家的经济都产生了冲击。例如，德国有50%以上的能源需求靠进口来满足，其中，约四分之三来自中东地区。事实证明，即使这些国家减少能源消费，其储备也只能维持三个月而已。这引起了人们的恐慌。为了限制石油的使用并减少依赖程度，欧洲国家纷纷开始出台节能措施。他们加强了与替代原油供应商的谈判，同时着手开发国内石油资源以及替代能源，并实施了战略石油储备计划。

经济连锁反应

在德国和其他发达国家，第一次油价飙升引发了经济滞胀，即经济不景气与物价上涨（通胀）并存。能源价格的上涨不仅推动了通货膨胀的螺旋上升，同时也使经济增长放缓。结果，德国的国内生产总值增速从1972年的5.3%下降到1974年的0.4%和1975年的—1.8%。许多行业的生产均出现了大规模下降；建筑业下降了16%，汽车业下降了18%。德国企业的股价出现急跌，从1972年7月到1974年9月，股票市值缩水近40%。失业率从接近"零失业"上升至1974年的2.6%和1975年的4.8%。

削减原油供应的影响可谓立竿见影，油价立刻开始了上涨。1972年底，美国原油交易价格为3.50美元/桶；1973年9月上升到4.30美元；而到了1973年底，原油交易价格已超过了10美元/桶。欧佩克国家的原油销售额从1972年的约140亿美元暴涨至1974年的900多亿美元。

> **在1973年的第一次石油危机期间，**
> **原油价格从3.50美元/桶暴涨到10美元/桶以上。**

以石油作为政治武器，很快就取得了成效：1973年11月5日，欧洲各国外长呼吁以色列撤离自1967年以来占领的地区。作为回应，欧佩克逐渐放开了供应限制。

可是，世界局势已经变了。即便是在刚刚放开供应时，原油价格依然保持在高位。仅在1974年，德国的石油进口额就比上年增长了150%以上。

随着1979年第二次石油危机的爆发，
原油价格从15美元/桶下方跃升至将近40美元/桶。

　　在接下来的几年中，原油价格相对稳定。然而，1979—1980年，油价又出现了快速上涨。在伊朗爆发革命，伊拉克对邻国伊朗发动进攻之后，发达国家再次开始关注石油供应安全问题。1979年初，原油交易价格低于每桶15美元。可在短短12个月之内，油价却涨到了近40美元/桶，直接导致了第二次石油危机。而作为两次石油危机的副产品，苏联在西西伯利亚发现了石油，非欧佩克西方国家也开始在近海开展海洋石油勘探，迎来了全球石油行业发展最为繁荣的一段时期。

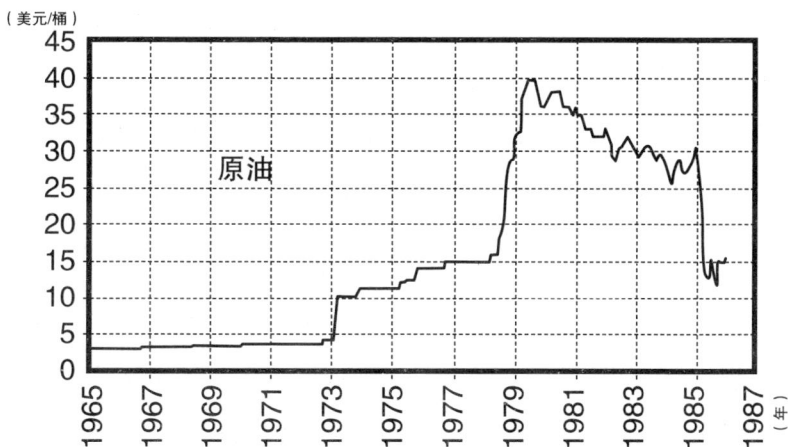

图6：1965—1986年原油价格走势

数据来源：Datastream，2019年。

　　欧佩克将一揽子价格（欧佩克成员国生产的石油混合物的平均价格）提高到了24美元/桶，利比亚、阿尔及利亚和伊拉克等国甚至将原油价格涨到了30美元/桶。1980年，欧佩克各成员国的原油价格达到顶峰，利比亚原油为41美元/桶，沙特阿拉伯为32美元/桶，其他国家为36美元/桶。而在接下来的一年中，由于西方发达国家经济发展疲软，导致原油销量出现下滑。

　　随着各国对替代能源的投资初见成效，全球原油消费在1978年至1983年期间，下降了11%。欧佩克占全球原油产量的市场份额回落至40%，并由于其缺乏组织纪律而持续下降。美国总统罗纳德·里根（Ronald Reagan）于20世纪80年代与沙特阿拉伯达成了石油增产协议，开启了原油价格的下跌之路，一直跌到了20世纪90年代末。在20世纪80年代后期，原油价格曾一度跌至10美元/桶下方，将苏联逼至崩溃的边缘，而同期欧佩克占全球原油产量的市场份额也跌到了30%。

关键内容

· 1973年，由于中东紧张局势，石油输出国组织（欧佩克）将石油出口作为对付西方发达国家的政治武器，通过限制石油产量，引爆了第一次石油危机。1972年底的原油价格为3.50美元/桶，而在12月之后，油价就涨到了超10美元/桶。

· 石油危机对大多数相关国家都产生了冲击，严重影响了各国的经济发展，并导致失业情况越来越严重。

· 在第二次石油危机期间，原油价格从不到15美元/桶涨到了接近40美元/桶。

第十二章

钻石：全球最硬通货的暴跌

尽管钻石的价值需要逐颗鉴定，但在很长一段时间内，钻石价格的趋势都稳中有升。然而，在1979年，钻石垄断商戴比尔斯失去了对钻石市场的控制后，"投资钻石"的价值暴跌了90%。

钻石是女人最好的朋友。

——玛丽莲·梦露（Marilyn Monroe），
电影《绅士喜爱金发女郎》中罗莉拉的扮演者

钻石、红宝石、蓝宝石、翡翠、猫眼石，这些贵重的宝石因常常被用于制作珠宝而闻名于世。迄今为止，钻石绝对是这些宝石中最大的细分市场，许多大名鼎鼎的钻石首饰都有着悠久的历史，例如"霍普蓝钻"（Blue Hope）、库利南钻石（Cullinan）、千禧之星钻石（Millennium Star）、艾克沙修钻石（Excelsior）、可依奴钻石（Koh-i-Noor）和奥尔洛夫钻石（Orlov）等等。

然而，用于制作珠宝的钻石仅占20%，剩下的占据巨大市场份额的全都是工业钻石。在这个更为细分的类型中，人工（工业）钻石发挥了重要作用。世界上最大的钻石产地包括俄罗斯、澳大利亚、加拿大和非洲，尤其是南非、纳米比亚、博茨瓦纳、塞拉利昂和刚果民主共和国。

全球毛坯钻石的年产量一般在20至25吨之间，
相当于1亿—1.3亿克拉，价值约100亿美元。

钻石的四"C"标准

与其他商品不同，钻石并没有一个固定标准用来衡量单位重量的价值。一颗钻石的价值由多种标准共同决定，即著名的四"C"标准：颜色（color）、净度（clarity）、切工（cut）和重量克拉（carat），此外，还有第五个"C"——鉴定（certification），也就是由官方机构鉴定某一特定宝石的物理特性。颜色等级取决于钻石接近于无色的程度，成色最好的白色或无色钻石为D级，其后是E、F、G、H级（纯白）等。有色钻石更为罕见，如黄钻、红钻、蓝钻、绿钻等，因此，这些所谓的彩钻也更加珍贵。

钻石的净度（纯度）是由其杂质含量的多少决定的。净度越高的钻石越稀有。净度等级包括IF级（内无暇级）、轻微内含级、内含级等等。切工是指钻石的角度和比例。最受欢迎的是明亮式切割。此外，钻石的传统重量单位为克拉，1克拉相当于0.2克。

世界上几大钻石交易所位于比利时安特卫普、荷兰阿姆斯特丹、美国纽约、以色列拉马特甘、南非约翰内斯堡和英国伦敦。安特卫普是全球最重要的钻石市场，约85%的毛坯钻石和近半数的切割钻石都是在比利时的安特卫普世界钻石中心进行交易的。

钻石行业的整条价值链包括开采、采购代理、加工、批发、销售、中间商、珠宝商以及其他零售商等等。但是，钻石的价格并非简单地与其尺寸线性相关：较大的钻石更为稀少，因此价格也会翻番。此外，钻石价格还因等级不同而波动。例如，0.49克拉的钻石和0.5克拉的钻石仅相差100毫克或更少，但价格却可能相差1,000多美元。2018年12月，根据钻石的净度和无色程度，1克拉钻石的价格从500美元到10,000美元不等。

到目前为止，南美的戴比尔斯公司（De Beers）是钻石行业中最重要的参与者，其地位类似于全球石油市场中的欧佩克。该公司由英美矿业集团（Anglo American）持有，是世界上最大的钻石生产商和交易商。

图7：2003—2016年钻石价格走势，以不同尺寸和品质定价

数据来源：PolishedPrices.com，彭博社，2019年。

长期以来，戴比尔斯公司一直主导着全球钻石市场，
其地位类似于全球石油市场中的欧佩克。

戴比尔斯控制着全球30%的钻石产量。在钻石市场和销售方面，其影响就更大了，对交易商可以买到的毛坯钻石的数量和品质起到了决定作用。戴比尔斯旗下的钻石贸易公司（Diamond Trading Company，DTC）收购了世界上绝大部分的钻石原料，向各钻石开采公司分配产量配额，并通过旗下的中央销售组织（CSO）管理钻石销售业务。中央销售组织会定期在伦敦组织钻石"鉴定"，约150名特许鉴定师负责对大批准备销售的毛坯钻石进行鉴定。

多年来，戴比尔斯公司一直维持着钻石价格的稳定。然而，20世纪70年代末，戴比尔斯却失去了对钻石价格的控制。

戴比尔斯公司简介

作为全球最大的钻石生产商和贸易商，戴比尔斯100多年来一直持续活跃在钻石行业中。其公司名与南非金伯利的第一个钻石矿同名，该矿位于约翰内斯·尼古拉斯（Johannes Nicolaas）和迪德里克·阿诺德斯·德比尔斯（Diederik Arnoldus de Beer）两兄弟的农场上。自从1871年当地发现钻石之后，冒险家们将这个穷乡僻壤改头换面，成了世界钻石之都。英国商人塞西尔·罗德斯（Cecil Rhodes）买断了所有钻石矿的开采权，并于1888年成立了戴比尔斯公司。今天，英美矿业集团持有戴比尔斯公司45%的股份，其中40%为奥本海默家族（Oppenheimer family）持有。

1880年，欧内斯特·奥本海默（Ernest Oppenheimer）出生于德国的弗里德伯格。这里距离美因河畔的法兰克福很近。32岁时，他就在南非金伯利的政治舞台上崭露头角。1916年，奥本海默创立了英美矿业集团，很快

就发展成为世界上最成功的矿业公司之一。1926年，他收购了戴比尔斯公司的大部分股份。

戴比尔斯公司生产的所有钻石，都由1890年成立的伦敦钻石财团（London Diamond Syndicate）照单全收。该财团既是南非钻石公司（Diamond Corporation）的重要基石，也是中央销售组织的前身。20世纪30年代，在美国经济大萧条期间，奥本海默为了稳住钻石价格，收购了大量钻石。从那时起，戴比尔斯公司和中央销售组织就形成了一个专门的钻石企业联盟。

在20世纪70年代，美国的通胀日益严重，投资者们纷纷寻求非传统投资机会，美元较其他国家货币出现了大幅贬值。作为一种"硬"通货和稳定的财富贮藏手段，钻石对人们的吸引力越来越大，导致人们对高品质钻石的需求与日俱增。可戴比尔斯当时却没有大幅提高钻石供应，结果导致钻石价格进一步上涨，反而吸引了更多的潜在投资者。

钻石狂热一发不可收拾。1979年，投资钻石的价值翻番，1克拉顶级钻石的价格也涨了近十倍。

与此同时，在以色列，毛坯钻石也成为人们最喜欢的一种投资。为了让特拉维夫市成为新兴的钻石加工中心，以色列政府特批了大笔银行优惠贷款。结果，一批钻石投资公司纷纷成立，私人投资者可以通过这些公司直接购买钻石。

钻石投资热加速了一种恶性循环。1979年，钻石的平均价格翻番，1克拉顶级钻石的价格也涨了近十倍，交易价格一度高达60,000美元/克拉。

戴比尔斯试图通过加大钻石供应量，让市场逐渐降温。但是，这种策略不仅没有奏效，还导致了市场的完全混乱。最终，日本的钻石泡沫不可避免地破灭了。在日本，将钻石作为贷款抵押品是一种普遍的做法。当第一家银行认为钻石存在泡沫，并停止接受钻石作为抵押品时，"纸牌屋"也就坍塌了。钻石价格的首次下跌，引发了人们的竞相抛售，随着投机者清空了他们的存货，越来越多的借款人由于抵押品贬值，而被迫筹集资金。这下，钻石如潮水般涌入市场，可由于戴比尔斯此前为了给市场降温，增加了钻石的供应，此时的市场早已过度饱和。即使钻石企业联盟暂停了钻石的销售，并不断回购钻石，依然无济于事。钻石价格一泻千里，投资者的净财富大幅缩水。而世界经济的衰退，更加速了这一波钻石价格的下跌。

**在短短一年之内，投资钻石的价格就从
60,000美元/克拉跌到了6,000美元/克拉。**

在短短12个月之内，投资钻石的价格就从60,000美元跌到了6,000美元，与钻石热开始之前的价格基本持平。尽管在20世纪80年代初期，钻石企业联盟回收了价值60多亿美元的钻石，戴比尔斯公司也削减了开采配额，但钻石价格依然恢复缓慢。2009年，随着金融危机的爆发，全球奢侈品需求大幅降低。戴比尔斯采取了类似措施，以稳定钻石价格。

关键内容

- 南非钻石公司戴比尔斯一直主导着国际钻石生产与销售。之后，该公司已被英美矿业集团收归麾下。
- 1979年，钻石的平均价格翻番，1克拉顶级钻石的价格也涨了近十倍，而当钻石泡沫破灭之后，钻石价格暴跌了90%，戴比尔斯失去了对钻石价格的控制。

第十三章

白银："银色星期四"与亨特兄弟爆仓

1980年

1980年，纳尔逊·邦克·亨特和威廉·赫伯特·亨特两兄弟试图操控白银市场，但以失败告终。1980年3月27日，白银价格在一天之内暴跌了三分之一，史称"银色星期四"。

美国政府有一项高科技，名叫印钞机，有了它，美国就可以随心所欲地印刷钞票了。

——本·伯南克（Ben Bernanke），2006—2014年美联储主席

亨特家族是美国历史上最具传奇色彩的家族之一，他们的经历十分精彩。20世纪20年代，哈罗德森·拉斐特·亨特（Haroldson Lafayette Hunt，1889—1974年）是一个懂得投机的职业扑克牌选手。在一次比赛中，他赢得了阿肯色州埃尔多拉多县油田的钻探许可证。亨特外号"阿肯色州的瘦子"（Arkansas Slim）。他在埃尔多拉多开采出石油，赚得了第一桶金。而后，他又购买了得克萨斯州基尔戈尔市的多张钻探许可证，并发现了当时世界上最大的油田。1936年，他成立了亨特石油公司，成为全美最大的独立石油生产商。1957年，《财富》杂志估算他的净资产在4亿到7亿美元之间，是美国十大富豪之一。亨特家族曾在利比亚拥有大片油田。但是，20世纪70年代，这些油田被利比亚领导人穆阿迈尔·卡扎菲（Muammar Gaddafi）收归国有了。

哈罗德森·拉斐特·亨特的私生活也同样精彩：他和原配妻子莱达·邦克（Lyda Bunker）生了六个孩子，包括纳尔逊·邦克（Nelson Bunker Hunt）、拉马尔（Lamar Hunt）和威廉·赫伯特（William Herbert Hunt）。后来，他与弗兰妮娅·泰伊（Frania Tye）发生了婚外情，两人结婚后生了四个孩子，并于1942年分居。此后，亨特又与自己的秘书露丝·雷（Ruth Ray）生了四个孩子，并最终于1957年与其结婚。

一提到洛克菲勒家族，人们总是联想到财富、石油和标准石油公司，可亨特这个名字，却永远与白银投机的惨痛失败联系在一起。

贵金属入门介绍

在过去50年中，对于贵金属而言，最重要的两件事情莫过于美国禁止私人持有黄金，以及始建于1944年的布雷顿森林体系的瓦解。1933年，美国总统富兰克林·D. 罗斯福宣布，私人持有价值超过100美元的黄金属于违法，该禁令一直持续了40多年。在1971年的"尼克松冲击"中，美国由于政府债务大量增加，宣布停止美元与黄金的兑换，同时增加了货币供应量，刺激了通胀的上升。1973年，将美元确立为主要货币并与黄金挂钩的布雷顿森林体系（金本位制）彻底瓦解。随着金本位和银本位先后崩溃，两种金属均失去了其在经济上的重要性，开始大量流向市场。结果，白银的价格跌到了6美分/金衡盎司以下（白银在期货交易中以美元/金衡盎司计算，1金衡盎司约等于31.1克）。而这一价格水平，也对白银生产造成了长期负面影响，因为只有少数几个国家能够在价格如此之低的情况下生产白银。

1980年，亨特兄弟二人开始进行白银投机交易，并以白银市场全面崩盘而告终。这段经历成为商品交易史上的一段传奇。

20世纪70年代，亨特兄弟作为大投资人，最先洞察到了白银市场蕴藏的难得投资机遇。白银有稳定的工业需求，市场价格较低，政府无意补贴，市场上可用于交易的白银规模也相对较小。

在金本位制被废除之后，纳尔逊·邦克·亨特曾公开表达对"纸币"的反感。他曾表示："傻子都能买印刷机，印什么都比印钞票好。"

为了守好家族的财富，亨特兄弟将投资重点放在了房地产和白银上。1970年至1973年期间，亨特兄弟大举买进了约20万金衡盎司的白银。三年之间，银价在1.5美元/金衡盎司的基础上翻了一番，涨到了93美元/金衡盎司。

在这次成功投资的鼓舞之下，亨特兄弟开始转战白银期货交易。他们于1974年初购入了5,500万金衡盎司的白银合约，而后静待交割。即使放在今天，这笔交易也相当之大。随着亨特兄弟在现货市场上不断买进，他们制造出一种白银短缺的假象。鉴于美国在40年前曾将私人黄金收归国有，他们将大量白银运往了苏黎世和伦敦的银行，因为在那里，美国的监管鞭长莫及。

1974年春天，白银的价格上涨到了6美元/金衡盎司以上。市场传言称，亨特兄弟已持有全球10%的白银，并有意操控白银市场。在1978年之前，亨特兄弟又购进了2,000万金衡盎司白银。他们说服了更多投资者与其合作，并与两位沙特酋长联手成立了国际贵金属投资集团（International Metal Investment Group）。到了1979年，他们又在纽约金属交易所（COMEX）和芝加哥期货交易所（CBOT）买进了4,000万金衡盎司白银的合约。在将近十年的时间里，亨特兄弟及其合伙人已经积累了大约1.5亿金衡盎司的白银，约合5,000吨。

这个数量相当于美国白银储备的一半，全球白银储备总量的15%。此外，亨特兄弟还从交易所买进了约2亿金衡盎司的白银合约。全球白银需求量增加到了约4.5亿金衡盎司，但由于几年前白银价格持续低迷，其产量依然不足2.5亿金衡盎司。

与此同时，由于白银的实物短缺日益严重，白银价格一路走高，从8美元/金衡盎司涨到16美元/金衡盎司仅用了两个月时间。芝加哥期货交易所和纽约金属交易所加起来，也仅能交割1.2亿金衡盎司的白银，因为现在有越来越多的市场参与者都开始模仿亨特兄弟的实物交割策略。

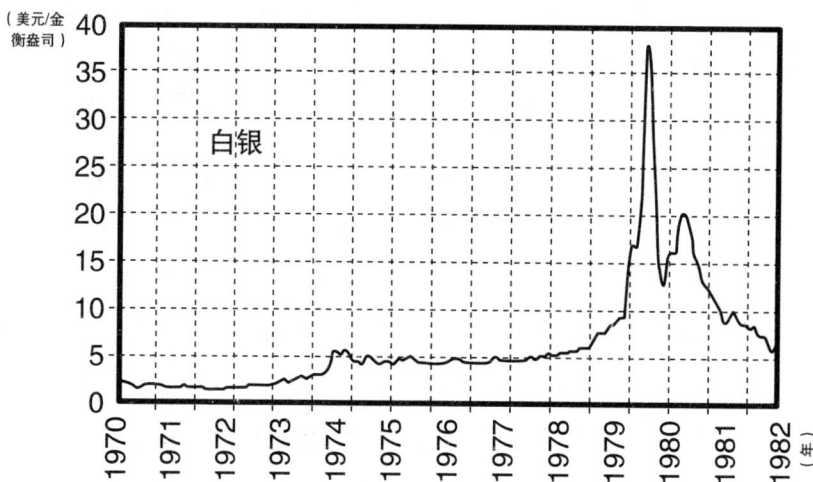

图8：1970—1982年白银价格走势

数据来源：彭博社，2019年。

1979年底，芝加哥期货交易所宣布，不允许任何投资者持有300万美元以上的白银合约。所有超出该额度的合约必须进行清算。纳尔逊·邦克·亨特将此举解读为白银即将紧缺的信号；他继续买进白银，亲兄弟拉马尔也加入了他的行列，投了3亿美元。这时，纳尔逊·邦克·亨特在海外持有的白银已高达4亿金衡盎司；此外，他还通过国际贵金属投资集团持有另外的9,000万金衡盎司。反过来，国际贵金属投资集团则持有另外9,000万金衡盎司的白银合约，交割时间为1980年3月。

1979年底，白银价格上涨到34.5美元/金衡盎司；到了1980年1月中旬，银价继续上涨到50美元/金衡盎司上方（按今天的价格计算约为120美元/金衡盎司），此时亨特家族的白银库存市值已超过45亿美元。

然而，幸运不会持续降临在一个人头上。从纽约金属交易所只接受清算订单起，白银的价格就开始了下跌。美联储加息，美元升值，都给金价和银价带来了不利影响。到了1980年3月中旬，银价已经跌到了21美元。此前效仿亨特兄弟炒作手法的散户，也开始出现恐慌性抛盘，进而加速了价格下跌。而其他的银器珠宝和银币持有者，也在银价屡创新高时纷纷兑现，进一步增加了市场上的白银供应量。

1980年3月27日，史称"银色星期四"。

白银以15.8美元/金衡盎司开盘，

收于10.8美元/金衡盎司，单日跌幅超过30%。

到了1980年3月底，亨特兄弟已无力支付期货头寸的保证金，不得不强行平仓价值1亿多美元的白银。1980年3月27日，白银开盘价为15.8美元/金衡盎司，收于0.8美元/金衡盎司，史称"银色星期四"。

而亨特兄弟所持有的白银期货的加权平均成本为35美元/金衡盎司，也就是说，他们产生了15亿美元的负债！

许多投资者，包括纽约金属交易所那些持有空头头寸的官员，都显著推动了银价的震荡下跌走势。尽管银价在20世纪80年代中期反弹到了17美元/金衡盎司左右，亨特兄弟依然必须申请破产，并因操控市场而遭到指控。

亨特兄弟的爆仓，主要是由于大量使用杠杆造成的。否则，他们是有可能经受住银价暴跌考验，而不必强制大规模平仓的。在媒体渲染下，亨特兄弟成为操控市场的典型，他们的投机和银价的崩盘，不仅造成了私人投资者的重大损失，还影响了白银市场在未来几十年中的声誉。

关键内容

· 哈罗德森·拉斐特·亨特外号"阿肯色州的瘦子"，通过经营家族石油公司而发家致富，让亨特家族跻身全美十大最富有的家族之一。

· 纳尔逊·邦克·亨特和威廉·赫伯特·亨特希望通过投资白银来守住家财。他们试图通过买进实体白银同时持有大量白银期货合约的方式操控市场。

· 1980年1月，银价从不到2美元/金衡盎司暴涨到了50多美元/金衡盎司。那时，亨特家族的财富超过了45亿美元。然而，在1980年3月27日，"银色星期四"，银价单日暴跌30%。亨特因此被迫申请破产，并因操控市场而遭到指控。

第十四章

原油：沾满鲜血的石油？

1990年

中东地区的政治博弈：科威特被伊拉克入侵，而面对以美国为首的西方国家联军，伊拉克不得不选择撤军，但在撤退途中放火烧毁了科威特的多个油田。结果，原油价格在短短三个月之内翻了一倍多，从不到20美元/桶涨到了40多美元/桶。

一旦萨达姆·侯赛因（Saddam Hussein）占领了科威特，他显然有能力控制世界能源政策的未来，也就是给了他一个遏制我国和全球其他大部分国家经济发展的武器。

——理查德·"迪克"·切尼（Richard "Dick" Cheney），

美国国防部长，1990年

在20世纪80年代的两伊战争中，伊拉克与美国和欧洲保持着良好关系。西方国家支持伊拉克，尤其是在军事方面。其目的是对抗伊朗德黑兰的霍梅尼政权，防止伊斯兰和苏联影响力的进一步扩大。

1980年，伊拉克每天生产约600万桶原油。伊朗的日产量约为500万桶，其中大部分来自位于伊朗西南部的、石油资源丰富的胡齐斯坦省。这两个国家的原油产量加起来，占全球每日石油消费量的20%左右。但是，长达八年的两伊战争，给两国各造成了100万人死亡，极大地影响了伊拉克的经济。伊拉克的资金主要来自阿拉伯国家，尤其是沙特阿拉伯和科威特。战争结束后，伊拉克对这两个国家负债累累。

此外，伊拉克一直否认科威特独立的合法性，并认为科威特是伊拉克领土的一部分。自1961年，科威特摆脱英国殖民并宣布独立以来，边境冲突就一直在酝酿。与此同时，伊拉克一直在与沙特阿拉伯和科威特斡旋，希望能取消或重议债务问题。并试图通过减少原油产量（从而刺激原油价格上涨并带来利润增长）来减轻债务负担。而作为回应，科威特却通过提高生产配额、降低出口价格的方式，来增加自己的市场份额。

1990年7月17日，伊拉克指责其邻国及阿拉伯联合酋长国，称其原油产量远远超过欧佩克内部达成的协议，从而拉低了油价，仅对伊拉克就造成了140亿美元的经济损失。此外，伊拉克还指责其邻国，从位于共同边界沿线的伊拉克油田窃取石油。

7月31日，旨在化解伊拉克与科威特之间紧张关系的谈判宣告失败，伊拉克在科威特边境部署了军队。在与伊拉克总统萨达姆·侯赛因的会晤中，美国大使申明，在阿拉伯国内争端或伊拉克和科威特之间的边界冲突中，美国将不会采取任何立场。美国和科威特也未签署任何具体的国防或安全协议。伊拉克总统将此解读为，美国对进一步军事行动的容忍。1990年8月2日，10万名伊拉克士兵开进了科威特。海湾战争正式爆发。

三次波斯湾战争

1980—1988年的两伊战争（伊朗和伊拉克）最初也叫作"海湾战争"。而1990—1991年，伊拉克与科威特之间爆发了波斯湾战争，此次战争后被称作"第一次海湾战争"。再后来，2003—2011年的伊拉克战争被称作"第二次海湾战争"。

1980年9月，萨达姆·侯赛因领导的伊拉克入侵伊朗，开始了一场长达八年的两伊战争。区域稳定遭到破坏，伊拉克和伊朗两败俱伤。在这次战争中，美国支持了伊拉克，因为美国担心阿亚图拉·霍梅尼（Ayatollah Khomeini）领导的伊斯兰伊朗革命可能会进一步蔓延，而伊拉克一直以来都渴望取代伊朗，成为波斯湾的霸主。

而1990年的海湾战争，是美国领导的35国联军对萨达姆·侯赛因领导的伊拉克发动的战争，以回应伊拉克对科威特的入侵和领土吞并。通过吞并科威特的领土，伊拉克的已知石油储量增加了一倍，达到了全球储量的20%，并对掌控着全球另外25%石油储量的沙特阿拉伯构成了威胁。这种情况，是美国所不能容忍的。

然而，萨达姆·侯赛因的政权在经历了第二次海湾战争之后，才彻底垮台。2003年，以美国为首的联军以伊拉克拥有大规模杀伤性武器为由，发动了第二次海湾战争，大举入侵伊拉克，彻底摧毁了萨达姆政权。

今天，伊朗和沙特阿拉伯为了夺取区域霸权，正在进行新一轮争夺。这也是一场伊斯兰世界逊尼派与什叶派之间的较量，两派冲突发展至今已有1,400年的历史了。[1]

两派争端说来话长，但争论的焦点基本上可以归结为：在先知穆罕默德死后，谁才是穆斯林的合法领袖。世界上大多数的穆斯林都属于逊尼

---

1 2023年3月10日，在中国的斡旋下，沙特与伊朗在北京达成协议，结束了几十年的政治对立，被世界舆论称为"世纪和解"。——编者注

派，比例高达90%；而在伊朗、伊拉克、阿塞拜疆和巴林等国，则主要以什叶派人口为主。

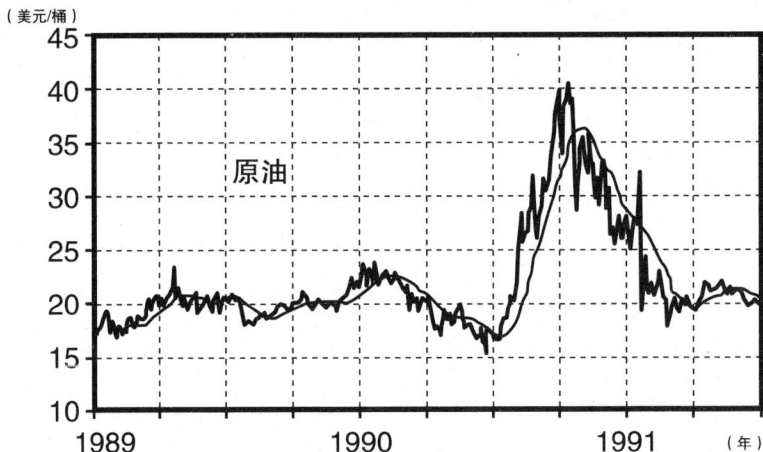

图9：1989—1991年原油价格走势

数据来源：彭博社，2019年

战争对原油价格的影响不言而喻。1990年6月，原油价格处于15美元/桶的低位，在此前数月中，油价一直在15—25美元/桶之间反复震荡。7月底，战争爆发前夕，原油价格反弹至20美元/桶。8月3日，西得克萨斯中质原油（WTI，原油基准价格之一）略低于25美元/桶，而当月收盘时，已位于30美元/桶上方。接着，到了9月末，原油成交价首次达到了40美元/桶。1990年10月，原油价格再创新高，达到了40多美元/桶。

伊拉克和科威特的石油储备加起来，约占全球储备总量的20%。

从战略上讲，科威特对于伊拉克而言异常重要。虽然科威特面积仅有2万平方千米，却有长达500千米的海岸线。伊拉克的面积虽然更大，约为45万平方千米，但其海岸线却只有60千米。伊拉克在入侵科威特期间，缴获了价值5亿多美元的黄金；而更重要的是，它还获得了科威特的石油资源。

萨达姆·侯赛因曾寄望于美国不会干涉阿拉伯内部事务，可时任美国总统乔治·布什（George H. W. Bush）的反应却完全相反。看来，美国感兴趣的不只是科威特油田，对伊拉克油田也想间接插手。伊拉克原本就控制着全球10%的石油储备，通过吞并科威特领土，其石油储备又增加了10%。

此外，正如美国国防部长理查德·"迪克"·切尼（后来美国大型石油公司哈里伯顿的CEO）在伊拉克入侵科威特几周后表示的，"伊拉克军队距离阿拉伯东部地区的另外25%的全球石油储备仅有数百千米之遥"。

伊拉克入侵科威特后，多国部队立刻发动了"沙漠盾牌"和"沙漠风暴"行动。原油价格从15美元/桶暴涨到1990年10月的40多美元/桶。

在伊拉克入侵科威特短短几小时之后，联合国安理会就通过了第660号决议，要求伊拉克军队立即撤军。一周之内，安理会对伊拉克实施了经济和金融禁令（第661号决议），旨在终止伊拉克的原油出口。与此同时，美国与34个国家组成了针对伊拉克的多国部队，由诺曼·施瓦茨科普夫将军（General Norman Schwarzkopf）任总司令。在部署参战的90多万士兵中，约75%为美国军人。8月8日，两艘美国海军航空母舰抵达海湾地区，布什总统发起了"沙漠盾牌"行动，以保护沙特阿拉伯免遭伊拉克入侵。

联合国安理会通过了第662号决议，宣布伊拉克对科威特的吞并无效，并要求恢复科威特主权。8月25日，联合国安理会实施了与"沙漠盾牌行动"配套的贸易禁运。当时，有70艘军舰部署在海湾地区。

萨达姆·侯赛因在波斯湾发动了针对美国的"圣战"，并呼吁让沙特阿拉伯国王法赫德（Fahd）下台。此时，科威特王室已经出逃了。

11月29日，联合国安理会向伊拉克发出了最后通牒，要求其在1991年1月15日前从科威特撤离。美国国会于1月12日批准了代号为"沙漠风暴"的军事行动。五天后的凌晨，多国联军开始对伊拉克进行大规模空袭。在"沙漠风暴"的头24小时内，联军就组织了约1,300次袭击。

2003年，萨达姆·侯赛因的政权在经历了
第二次海湾战争之后，才彻底垮台。

在第二次最后通牒到期之后，美国于2月24日对伊拉克发动了地面战争。两天后，伊拉克军队正式从科威特撤离，战事基本结束。然而，在撤退途中，他们放火烧毁了科威特的多个油田，还打开了许多油库的锁栏，让石油流入大海。据科威特统计，约有950个油田被伊拉克军队放火烧毁或埋下了地雷。科威特石油生产因此被打断，直到1991年夏天才得以恢复。直到同年11月份，最后的大火被彻底扑灭之后，石油产量才再度增加。

尽管打了仗，但美英试图消灭伊拉克军事力量、阻止其在海湾地区获取霸权地位的目的并未达到。2003年，萨达姆·侯赛因的政权在经历了第二次海湾战争之后，才彻底垮台。

关键内容

· 伊拉克总统萨达姆·侯赛因渴望在中东这个世界上石油资源最为丰富的地区获得霸权，但在20世纪80年代长达八年的两伊战争中，伊拉克并没有打败伊朗。

· 科威特虽然地理面积不大，但该国拥有丰富的石油资源、沿海通道及港口，对伊拉克具有重要战略意义。

· 1990—1991年的海湾战争始于伊拉克对科威特的入侵，止于美国的"沙漠盾牌"行动和"沙漠风暴"行动。由于原油供应安全问题无法得到保障，加上科威特的油田大火，原油价格从15美元/桶飙升到了40多美元/桶。

· "9·11"事件发生之后，萨达姆·侯赛因被指控拥有大规模杀伤性武器；他在伊拉克的政权于2003年彻底垮台。

第十五章

原油：德国金属公司的厄运

原油期货让德国金属公司几乎面临破产，差一点就导致了德国自第二次世界大战以来最大的公司倒闭案。该公司的首席执行官亨兹·希梅尔布什应对1993年公司超过10亿美元的损失负责。

我们挺过来了，我们成功了。

——卡乔·诺伊基兴（Kajo Neukirchen），德国金属公司首席执行官

亨兹·希梅尔布什（Heinz Schimmelbusch）是德国商界的大明星。1989年，他掌管德国金属公司（Metallgesellschaft，MG），成为德国史上最年轻的CEO。德国金属公司成立于1881年，是德国的工业巨头，主营矿业及大宗商品交易。希梅尔布什的到来，让公司的面貌焕然一新。过去，公司经营主要依靠传统的钢铁业务，在总体销售和利润中，钢铁业务约占三分之二。而希梅尔布什却弱化了钢铁业务，将工程技术、环保技术及金融服务作为公司新的发展重点。

希梅尔布什还热衷于并购。被他收归麾下的包括：费尔德米勒·诺贝尔公司（Feldmühle Nobel）、戴纳米特·诺贝尔公司（Dynamit Nobel）、布德鲁斯公司（Buderus）和克莱西弗公司（Cerasiv）等。他将德国金属公司打造成了一个市值150亿美元、拥有250多家子公司的商业帝国。1991年，德国《经理人月刊》（Manager Magazine）将其评为"年度最佳经理人"。然而，就在他加入德国金属公司的四年之后，他的帝国却遭遇了灭顶之灾。

德国金属美国子公司参与了原油期货交易，
对油价走势进行了高风险押注。

在希梅尔布什的领导下，德国金属公司不仅规模变得更庞大，管理上也更加复杂了。到了20世纪90年代初期，德国经济开始降温。东欧竞争对手的廉价产品对德国金属公司构成压力，汽车工业逐渐疲软，德国金属公司的高额债务开始拖累公司发展的脚步。不过，德国金属公司的达摩克利斯之剑，其实此刻正悬在其美国子公司的头上。

位于纽约的德国金属精炼及市场公司（Metallgesellschaft Refining and Marketing， MGRM）以长期固定价格，向大客户出售燃料油、汽油和柴油；销售合约的期限为5到10年，并承诺每月以固定价格交付规定数量的油品。客户与MGRM公司的交易合约，是针对油价上涨的套期保值。然而，MGRM公司本身并没有石油产品，必须另外想办法购买石油。

原油市场介绍

1984年到1992年，原油市场出现了价格倒挂，即交易员口中的"现货升水"（backwardation）。这意味着，原油期货的交易价格比现货价格更加优惠。对于买进原油远期合约的买方而言，除了可利用资金获取短期投资收益之外，还可以享受原油期货价格与现货价格的价差优惠。因此，德国金属精炼及市场公司所采取的对冲策略，在剔除对冲交易手续费之后，为公司带来了持续利润。

由于原油价格是波动的，MGRM公司的风险敞口超过6亿美元，相当于母公司资产负债表的十分之一。为了对冲这种市场风险，MGRM公司重仓买进了短期原油期货。

公司所签的原油期货合约越来越多，其规模仅在客户合约即将到期时有所调整。在扣除已到期合约的原油数量之后，剩余数量转仓至下一个合约月份。

随着原油价格大幅下跌，原油期货从现货升水变成了期货升水，导致MGRM公司的对冲策略产生了巨额亏损。

1933年，市场情况发生了逆转。随着原油价格大幅下跌，原油期货从现货升水变成了期货升水（contango），即期货价格高于现货价格。原油现货价格位于18.50美元/桶下方，而一年后交割的原油期货则每桶高出1美元。MGRM公司的月度收益由盈转亏，而且越亏越多。此外，MGRM公司还忽视了另一个问题，那就是合约到期时与日俱增的现金流风险。

虽然MGRM公司能做到在期货到期时履行交割义务，但现在面临的问题是，未来需要缴纳的保证金在不断增加。这对公司的资产负债表造成了直接影响，因为实际损失已经无法被未来的潜在利润所抵消。

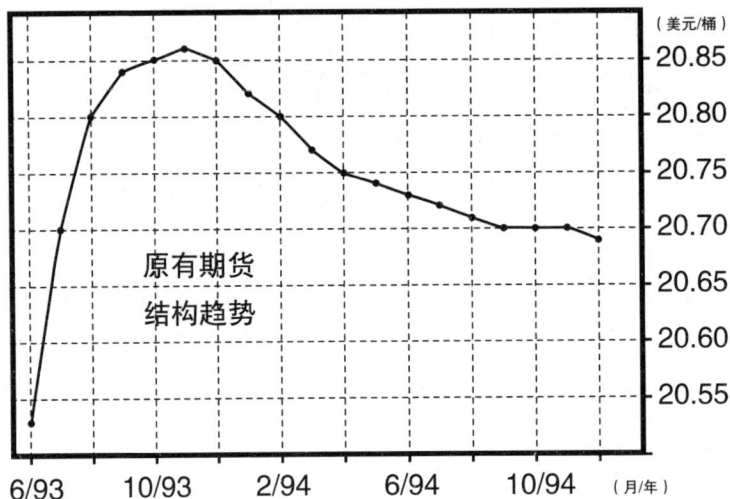

图10：1993—1994年原油期货结构趋势

数据来源：彭博社，2019年。

在MGRM公司出现流动性问题和不良信用评级后，情况变得越来越严重。在油价下跌的大背景之下，MGRM公司陷入了一种恶性循环。

子公司管理层孤注一掷，继续新增客户合约。在油价达到最低点时，MGRM公司持有市场上所有未到期的一个月原油期货合约中的10%—20%。

通过终止所有原油期货合约，
德国金属公司的实际亏损高达10亿美元。

与此同时，德国金属公司的命运也急转直下。由于经济降温和高额债务，公司在1991—1992年只能通过减记隐藏准备金的方式支付股息。次年，公司赤字已攀升至近3.5亿德国马克，约合2亿美元。接踵而来的，是美国子公司的坏消息。在债权人的施压之下，MGRM公司不得不申请破产，损失高达15亿美元。这也使整个集团公司濒临破产。

1993年2月，希梅尔布什通过全面撤资计划，挽回了6亿美元的损失。然而，美国子公司的亏损还在持续扩大，即将超过10亿美元。此时，希梅尔布什不得不向公司的主要股东——德意志银行（Deutsche Bank）和德累斯顿银行（Dresdner Bank）申请额外资金。德意志银行执行董事会成员兼德国金属公司监事会主席罗纳尔多·施密茨（Ronaldo Schmitz）在得知近在眼前的亏损后，感到震惊之余立刻止损。所有原油期货全部终止，导致整个集团公司的负债总额增加至近50亿美元。

　　1993年12月17日，德国金属公司监事会在未提前通知的情况下，就直接解雇了首席执行官希梅尔布什和首席财务官迈恩哈德·福斯特（Meinhard Forster），同时聘请卡乔·诺伊基兴来挽救危局。诺伊基兴得到了20亿美元的纾困贷款，他严格控制成本，裁掉了7,500名员工。他还对德国金属公司进行了改组，将业务重心转向贸易、工厂建设、化学制品和建设技术等方面。2000年2月，公司更名为德国金属技术公司（MG Technologies），并于2005年成为德国GEA集团。偌大的德国金属公司得此结局，令人唏嘘。

关键内容

- 执掌大型工业巨头德国金属公司的亨兹·希梅尔布什是德国最年轻的CEO。1991年，《经理人月刊》将其评为"年度最佳经理人"。

- MGRM公司是德国金属的美国子公司，主营原油精炼和市场营销，其经营对整家公司造成了不良影响。

- MGRM公司以固定价格将石油产品卖给客户，并通过购买期货对冲风险。在正常市场条件下，原油现货升水让公司赚到了不错的差价。

- 当原油价格从1991年的40美元上方暴跌至1993年的20美元下方之后，期货结构转为期货升水，美国子公司的亏损总额超过了10亿美元，导致德国金属公司濒临破产。

第十六章

白银：三大投资天王

	1994年	

20世纪90年代，沃伦·巴菲特、比尔·盖茨和乔治·索罗斯对白银投资颇有兴趣，并投资了阿皮克斯银矿公司、泛美白银公司以及实物白银。这是白银投资与银矿投资之间的较量。究竟谁会更胜一筹？

一般来说，金融市场是不可预测的。

——乔治·索罗斯

2006年5月初，玻利维亚的左派总统埃沃·莫拉莱斯（Evo Morales）威胁要将国内采矿业收归国有，态度强硬，使得大量银矿面临国有化风险。玻利维亚拥有圣克里斯托（San Cristóbal）和圣巴塞洛缪（San Bartolomé）两大银矿，前者是阿皮克斯银矿公司（Apex Silver Mines）的产业之一，一周之前，莫拉莱斯刚对国内天然气行业实施了国有化。在股票市场上，阿皮克斯银矿公司的股价随之暴跌，从4月份的26美元跌到了6月份的13美元以下。这表明，政策因素可以对矿产资源投资造成极大风险。

白银简介

白银比黄金常见20倍，全球最重要的银矿分布在南美和北美。根据行业数据，全球主要银矿仅有25个，有半数以上用于贵金属生产。在世界范围内，绝大多数的白银生产都伴随着其他金属的提炼，特别是铅、锌、铜和金。根据白银协会的数据，工业应用占白银总需求的50%，其次是珠宝和摄影。

在大宗商品交易所里，白银现货的交易代码为XAG，单位为"美元/金衡盎司"。现货白银交易的中心是伦敦金银市场协会（LBMA），每日发布一次官方价格。而纽约金属交易所（COMEX）作为纽约商业交易所（New York Mercantile Exchange）的一部分，是白银期货和期权的最大交易场所。白银期货的交易代码为SI，后面是合约的交割月份和年份，例如SIH0是指2020年3月交割的白银期货合约。

然而，最好的投资项目是什么，并非总是一目了然的。20世纪90年代中后期，沃伦·巴菲特、乔治·索罗斯和比尔·盖茨都曾作为专业投资人，进军白银市场。而他们的投资行为，也引起了国际金融界的广泛关注，私人和机构投资者都以他们马首是瞻。不过，虽然索罗斯、巴菲特和盖茨都投资了白银，但投资方式却各不相同，既有投资现货白银的，也有对银矿公司进行股权投资的。

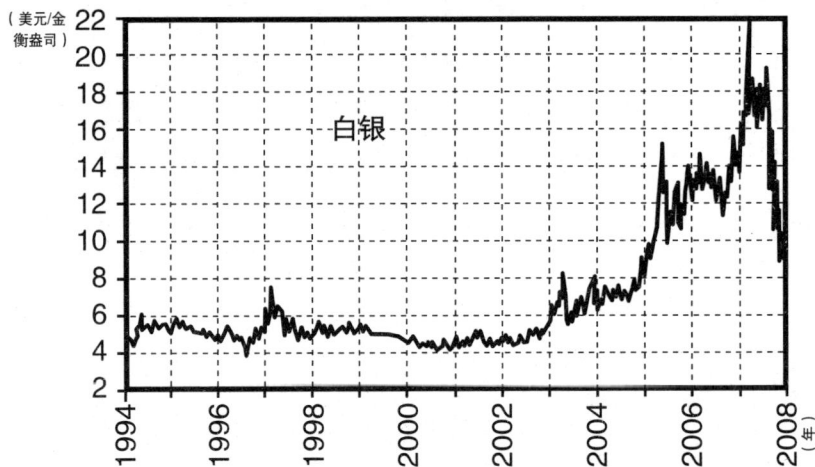

图11：1994—2008年白银价格走势

数据来源：彭博社，2019年。

乔治·索罗斯1930年出生于匈牙利。他与吉姆·罗杰斯（Jim Rogers）共同创办了全球著名对冲基金量子基金（Quantum Fund），并在1992年做空英镑，迫使英国央行选择贬值，因此而闻名于世。据《福布斯》估算，索罗斯的个人净资产在140亿美元左右。1994年底，索罗斯投资了阿皮克斯银矿公司，并与他的兄弟保罗一起，一度持有该公司20%以上的股份。阿皮克斯银矿公司成立于1993年，持有圣克里斯托银矿65%的股份。后者是位于玻利维亚西南部的银锌铅矿，预估白银储量为近13,000吨。此外，在阿根廷、玻利维亚、墨西哥和秘鲁等国，阿皮克斯也在积极拓展业务。

20世纪90年代中后期，
沃伦·巴菲特、乔治·索罗斯和比尔·盖茨都曾进军白银市场。

沃伦·巴菲特也出生于1930年，在世界富豪榜上排名第三。预估其

个人净资产约为470亿美元。巴菲特成立了伯克希尔·哈撒韦投资公司（Berkshire Hathaway），并担任公司CEO。在几十年的职业生涯中，他创造了辉煌的投资战绩。媒体将该公司的年会称作"投资者的狂欢节"。作为公认的"奥马哈先知"，巴菲特每说一句话，就会有超过2万投资者跟风投资。

比尔·盖茨出生于1955年，1975年与保罗·艾伦（Paul Allen）一起创建了微软公司，个人财富高达530亿美元，成为全球第二大富豪。后来，他开始投身慈善事业，博施众济。1999年，盖茨投资了泛美白银公司（Pan American Silver），成为继索罗斯和巴菲特之后，第三位大举投资白银的富豪。

而巴菲特的投资策略则有所不同。1998年，伯克希尔·哈撒韦公司在正式公布财报之前，宣布该公司在1997年7月25日至1998年1月12日期间，共计买进了1.3亿金衡盎司的白银，约合4,000吨，占全球白银年产量的20%左右。但对公司而言，该笔投资仅占其总投资的2%。

巴菲特投资实物白银的举动令国际金融界感到惊讶，因为巴菲特一直都以股票价值投资著称。之所以投资白银，是因为前几年白银供不应求，库存大幅下降。随后的白银价格上涨，证明了他的判断是正确的，而这次投资也为他带来了可观的利润。

1999年9月，媒体公开报道比尔·盖茨通过瀑布投资公司（Cascade Investment LLC），以5.25美元的均价，收购了泛美白银公司300多万股，持股比例达10%。泛美白银公司成立于1994年，公司目前在墨西哥、秘鲁、玻利维亚和阿根廷等国的银矿均有项目布局。

回顾1997年以来的银价走势和阿皮克斯银矿公司以及泛美白银公司的股价表现，我们看到了一张有趣的图表。

图12：1998—2009年银价、阿皮克斯银矿公司和泛美白银公司股价走势

数据来源：彭博社，2019年。

截至2008年底，银价表现最好，其次是泛美白银公司的股价。虽然阿皮克斯的股价一开始与银价以及泛美白银的股价同步波动，但后来出现了崩盘。截至2008年底，阿皮克斯的股票较1997年发行价下跌了90%，最后以破产告终。这是怎么回事呢？

玻利维亚总统莫拉莱斯威胁要将国内采矿业

收归国有，引发投资者恐慌。

玻利维亚总统莫拉莱斯威胁要将国内采矿业收归国有，让投资者感到不安。实际上，玻利维亚政府并没有直接进行国有化，而是大幅增加了税负。不过，阿皮克斯银矿公司还是被迫将其部分旗舰资产卖给了日本住友集团（Sumitomo）。随着能源成本的激增，圣克里斯托银矿的开发成本越来越高。为了获得贷款，阿皮克斯银矿公司不得不大量出售白银、锌和铅的期货。随着大宗商品价格的上涨，这些套期保值合约的亏损越来越大，导致公司于2009年1月宣布破产。

那么，究竟哪种投资方式更胜一筹呢？由于白银年产量和地下矿产资源总量存在杠杆效应，阿皮克斯银矿公司和泛美白银公司的股价都一度强过银价走势。但是，对于投资者而言，杠杆是为承担企业风险和市场风险而付出的代价。事实证明，与投资阿皮克斯银矿公司相比，还是投资实物白银更为稳妥。

关键内容

· 20世纪90年代，沃伦·巴菲特、乔治·索罗斯和比尔·盖茨都对投资白银产生了兴趣。

· 白银价格在十年之间从不到4美元/金衡盎司涨到1997年的8美元/金衡盎司上方，并于2008年涨到了22美元/金衡盎司。

· 投资银矿公司似乎比直接投资实物白银的回报更高，但是，较高的预期回报是有代价的。

· 由于白银价格不断上涨，玻利维亚总统埃沃·莫拉莱斯威胁将国内采矿业收归国有。1997年，阿皮克斯银矿公司的股价较发行价暴跌了90%以上，后以破产告终。

第十七章

铜："5%先生"搅动风云

1996年

日本住友财团的明星交易员滨中泰男在东京过着双重生活。他一边操控铜期货市场，为老板创下收益纪录，一边悄悄进行着个人投机交易。最终，他让住友财团蒙受了史无前例的26亿美元的亏损，而他自己也被判处了八年监禁。

铜先生是何许人也？

——投资百科

多年来，滨中泰男（Yasuo Hamanaka）一直是东京住友贸易公司的首席交易员。该公司是日本住友财团旗下的大宗商品交易公司。业内人士都称他为"铜先生"或"5%先生"，因为他操控着全球铜期货交易量的5%，并为公司创造了巨额利润。然而，1996年6月5日，滨中泰男称亏掉了公司16亿美元的资金。此后，住友财团的这起交易丑闻，成为近代历史上最大的金融欺诈案之一。

铜期货基本介绍

铜被广泛应用于建筑、电气和机械工程等领域，全球年产量约为2,000万吨。智利是最大的铜生产国，产量约占世界的三分之一，其次是印度尼西亚、美国和澳大利亚。铜可以在几乎不损失质量的情况下进行回收再利用。铜和铝都是交易所里最常见的工业金属，其最重要的两大交易场所分别为伦敦金属交易所（LME）和纽约商业交易所（NYMEX）。在LME，铜的交易单位为"美元/吨"；在NYMEX，交易单位为"美分/磅"。在美国，铜的交易代码为HG，再加上合约交割月份和年份。例如，HGZ9是指2019年12月交割的铜期货。当前的铜价为2.80美元/磅，约合5,600美元/吨。

1985年，37岁的滨中泰男作为铜期货交易专家，进入了东京的住友财团工作。他所在的交易部门在20世纪80年代中期曾出现过相当大的亏损，可当时的交易主管却试图通过秘密交易来掩盖亏损情况。后来，滨中泰男在面对亏损时，也采取了同样的做法。按照公司惯例，交易员在工作一定时间之后必须轮岗，而滨中泰男却因为创造了很高的利润，一干就是11年。

日本交易员滨中泰男是全球铜期货交易市场的风向标。
可是，在关于中国的问题上，他却赌输了。

伦敦金属交易所向滨中泰男发出了多次关于操纵市场和欺诈的指控，都没有得到重视，而滨中泰男关于"铜需求上升"和"出现人为短缺"等颇具影响力的评论，却不断被刊登在金融媒体上。然而，虽然这位明星交易员给人留下了谦逊的印象，但实际上，他却过着双重生活，既是专业的机构交易员，又是贪婪的个人投资者。白天，他为住友财团交易；晚上，他还在LME和NYMEX悄悄为自己交易。他家里有四口人，一起居住在东京郊区一个叫川崎的地方的一所小房子里，开着一辆小汽车。川崎是东京郊区一个不起眼的小地方。但他很享受同来自银座娱乐场所的情人一起旅行，每次都花销不菲。当然，他还开了一个瑞士银行的账户。

从1993年起，滨中泰男就意识到了，中国经济正在快速实现工业化，由此将催生出对铜的巨大需求，他打赌铜价一定会上涨。然而，中国人却通过打压铜价对市场施压。滨中泰男的亏损开始逐渐扩大。他伪造了资产负债表和交易主管的签字，以获得额外的信用额度，增加所持头寸，并将市场引向"正确的"方向。但中国人似乎并不急于出手购买。到了1995年底、1996年初时，情况逐渐变得越来越糟。滨中泰男的精神状态开始出问题，整日借酒浇愁。

在平掉了无法隐瞒的铜期货头寸之后，
住友财团面临高达26亿美元的巨额亏损。

1996年6月，这位明星交易员再也瞒不住了，只得承认自己的亏损。未披露的期货头寸高达18亿美元。在震惊之余，住友公司解雇了滨中泰男，并慌忙平掉了所有头寸。由于卖单太大，铜价在一天之内暴跌了27%，又给公司造成了额外8亿美元的损失。最后，住友财团实际承担的亏损为26亿美元，是国际金融市场上一家公司遭遇过的最大亏损。

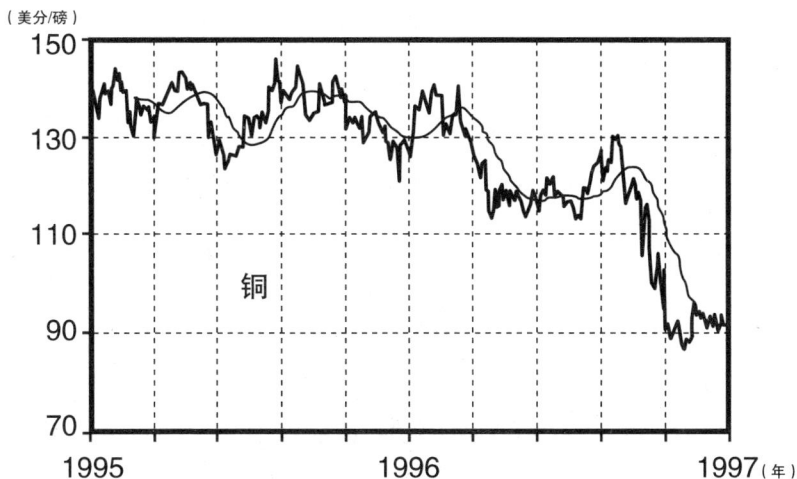

图13：1995—1997年铜价走势

数据来源：彭博社，2019年。

事后，记者们不禁心生疑问，一个交易员是如何向主管隐瞒如此巨额亏损的？很显然，住友的内部审计、风险控制和监管部门全部形同虚设。尽管交易量如此庞大，可滨中泰男的主管竟然无人清楚交易细节。滨中泰男成为人们心中的罪犯。他在法庭上承认了自己的罪行，并于1998年被判处八年监禁。

关键内容

- 1985年，滨中泰男开始为东京的住友财团工作，负责铜期货交易。由于他的交易规模巨大，控制着全球铜期货交易量的5%，因此被誉为"铜先生"和"5%先生"。

- 1993年之后，滨中泰男预判中国铜需求的增加将导致铜价上涨，而当铜价持续走跌时，亏损出现了。他寄望于铜价反弹，通过秘密交易，隐瞒了日益增加的亏损金额。

- 1996年，滨中泰男不得不披露了18亿美元的亏损。震惊之余，主管下令立刻平仓止损，结果导致铜价一日之内暴跌27%，又给公司造成了额外8亿美元的损失。

- 住友财团的这起铜期货丑闻成为史上最大的金融欺诈案之一，仅一名交易员就导致了26亿美元的损失。

第十八章

黄金：丛林欢迎你

1997年

在印度尼西亚婆罗洲的丛林中，加拿大Bre-X金矿公司发现了一个价值超过2,000亿美元的金矿。不论是大型矿业公司还是印尼总统苏哈托，都想从中分一杯羹。可直到1997年3月人们才得知，这是一起史上最大的金矿造假案。

从地质学上讲，这是我这辈子见过的最闪亮的矿！
它太大了，大到让人害怕。的确有点吓人！
　　　　　　　　　　——约翰·费尔德霍夫（John Felderhof），*Bre-X金矿公司*

怎么可能是骗局？多做几次检测吧！把事情搞清楚！
我知道那儿有金矿，好吧？
　　　　　　　　　　——彼得·芒克（Peter Munk），巴里克黄金公司

圣保罗（St. Paul）是加拿大阿尔伯塔省东北部的一个偏远小镇，居民人数大约为5,000人。1967年6月3日修建的一个所谓的UFO降落遗址，是这里唯一的旅游景点。然而，20世纪90年代中期，这个小镇却成为国际媒体关注的焦点。每50位居民中，就有一位是Bre-X金矿公司的股东。在短短三年之内，公司增值了500倍，导致圣保罗的百万富翁人数激增。其中，最引人注目的人物是当地储蓄银行的一名职员，名叫约翰·库廷（John Kutyn）。他很早就卖掉了自己的所有财产，包括汽车和摩托车，全部用于投资Bre-X金矿公司。

加拿大小镇圣保罗仅有5,000居民，
可其中百万富翁的人数却突然激增。

库廷将发现金矿的消息告诉了他的邻居和客户。他将成为屈指可数的、在金矿公司倒闭之前全身而退的人之一。在发财之后，他选择定居新西兰。

黄金产自哪里？

根据世界黄金协会（World Gold Council）的行业估算，历史上的黄金总产量为19万吨，其中五分之一在各国央行的金库中。全球主要黄金生产国包括中国、澳大利亚、俄罗斯、美国和加拿大，其次是秘鲁、印度尼西亚、南非、墨西哥和加纳。这十个国家的总产量占全球黄金总产量的75%左右。此前，南非曾一度在黄金生产国中排名第一，主导黄金开采行30多年，并在20世纪70年代达到顶峰，后来排名逐渐下滑到十名之外。

全球黄金交易的中心是伦敦金银市场（London Bullion Market），大部分需求来自珠宝行业，其次是投资和工业应用。就产量而言，全球最大的黄金生产公司包括巴里克黄金公司（Barrick Gold）、纽蒙特矿业公司（Newmont Mining）和加拿大黄金公司（Goldcorp）。

20世纪80年代，加拿大经历了勘探行业的蓬勃发展，开采公司纷纷在世界各地寻找原油、黄金及其他商品，其中就包括80年代末期由前股票经纪人大卫·沃什（David Walsh）创立的Bre-X金矿公司。1993年，Bre-X公司的股价已经跌破了上市发行价的0.30加元。然而，当沃什和一位名叫费尔德霍夫的地质学家购买了印度尼西亚婆罗洲丛林的布桑金矿（Busang）的开采权之后，情况就截然不同了。80年代中期，费尔德霍夫曾和同事迈克·德古兹曼（Mike de Guzman）一起，为另一家公司勘探过布桑金矿，并发现了少量的黄金。1993年5月5日，Bre-X公司宣布已获得布桑金矿的开采权。当时，公司股价在0.5加元左右。如果每吨岩石中的黄金含量能达到3克，就算是非常好的金矿了。而布桑金矿的采样证实，每吨岩石中的黄金含量超过6克。消息一出，立刻引起了轰动。

布桑金矿是不是史上最大的黄金矿藏？

很快，分析师们就开始关注Bre-X公司的新发现。1994年3月，公司股价涨到了2.40加元。到了9月份，在经过了一年的勘探和检测之后，Bre-X公司管理层估计，布桑金矿的储量应该在8.5万至14万千克之间。由于Bre-X公司的采样检测结果越来越好，黄金专家和分析师对后市的预测都较为乐观。

1995年11月，布桑金矿的黄金储量预计将超过85万千克。同年底，Bre-X公司的股价涨到了50加元！到了1996年5月公司召开股东大会时，股价已经涨到了每股200加元，并按1∶10进行拆股。与此同时，金矿的预测储量还在继续增加。Bre-X公司在1996年6月预测黄金储量将超过110万千克，7月为133万千克，12月为160万千克，1997年2月为201万千克。此后不久，费尔德霍夫公开预测，布桑金矿的储量有可能超过283万公斤。这意味着，布桑将成为有史以来储量最大的金矿。市场传言甚至将预测储量翻了倍，称在婆罗洲的丛林中，储藏着600万千克的黄金，约合6000吨。

尽管Bre-X公司没有生产出一千克黄金，
但其股价却暴涨了500倍。

1996年9月初，Bre-X 公司的股价涨到了最高价28加元（相当于拆股之前的280加元），市值超过40亿美元。在短短三年之间，尽管公司没有生产出一千克黄金，股价却暴涨了500多倍！

与此同时，其他业内大型公司也参与了布桑金矿的竞争，例如普莱斯多姆公司（Placer Dome）、纽蒙特矿业公司、巴里克黄金公司、自由港麦克莫兰铜金公司（Freeport-McMoRan）等等。印尼总统哈吉·穆罕默德·苏哈托（Haji Muhammed Suharto）也想从中分一杯羹。1996年12月，印尼政府、Bre-X公司和巴里克黄金公司同意共同瓜分布桑金矿。次年2月，自由港公司也加入了他们的行列。

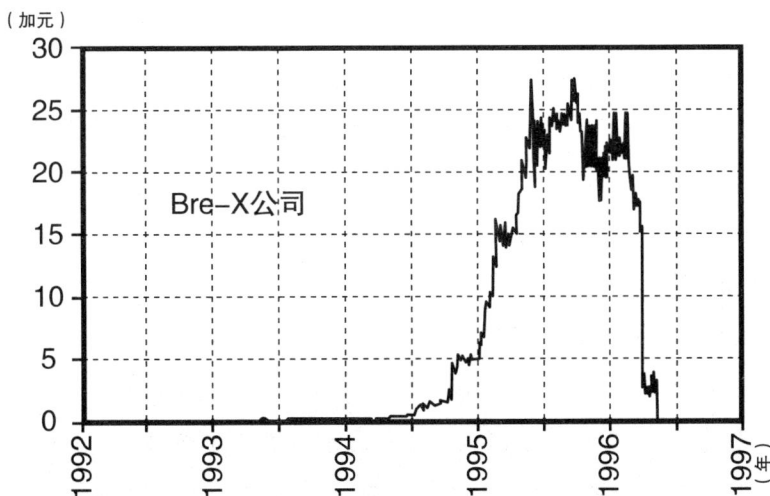

图14：1992—1997年Bre-X公司股价走势

数据来源：彭博社，2019年。

只可惜好景不长。1997年3月19日，迈克·德古兹曼从直升机上跳机自杀了。在尽职调查环节中，不同钻孔检测到的黄金含量几乎为零。一周之后，实验室的检测结果证实，Bre-X公司对最初的检测样本动了手脚。

这是巴里克黄金公司的负责人彼得·芒克的个人耻辱。这一消息在投资者当中引发了恐慌，Bre-X的股票在崩盘后开始停牌。随后，Bre-X宣布破产，其公司股票变得一文不值。

Bre-X金矿造假案至今仍是加拿大资本市场上最大的欺诈丑闻，也是史上数额最大的矿业公司丑闻，在很长时间内严重影响了加拿大股市的声誉。因此事而蒙受损失的主要投资人包括安大略省市政雇员退休委员会、魁北克省公共部门养老基金和安大略省教师养老金。此外，包括圣保罗小镇200多居民在内的众多散户也深受其害，眼睁睁看着自己的钱打了水漂。

Bre-X公司的股票崩盘了，变得一文不值。

不过，也并非每个人都因此事而遭殃。沃什在Bre-X公司崩盘之前清空了股票，套现3,500万美元，移居巴哈马。费尔德霍夫也在1996年4月至9月期间清掉了近300万股，价值8,500万美元，去开曼群岛安了新家。Bre-X公司的欺诈案直到2002年才得到最终的解决。然而，相关的法律纠纷至今仍在继续。

关键内容

- Bre-X公司的金矿造假案至今仍是加拿大最大的矿业公司丑闻。
- 1993年，大卫·沃什和约翰·费尔德霍夫声称，在印尼婆罗洲丛林发现了世纪大金矿。Bre-X公司的股价随之暴涨，从每股不到0.30加元，涨到了40亿美元的总市值。从1993年中期到1996年中期，Bre-X公司的股价暴涨了500多倍。印尼总统哈吉·穆罕默德·苏哈托和其他大型跨国黄金公司都想从中分一杯羹。
- 但是，1997年3月，这起金矿造假案被揭穿，成为史上最大的黄金欺诈案。实验室检测结果证实，Bre-X公司对最初的检测样本动了手脚。随后，Bre-X宣布破产，其公司股票变得一文不值。

第十九章

钯金：比黄金更昂贵

　　2001年，在金、银、铂、钯这四种可交易的贵金属中，钯金的价格率先突破了1,000美元/盎司大关。这意味着，在短短四年之内，钯金的价格上涨了十倍。其上涨的原因在于，最重要的钯金生产国俄罗斯一直在推迟交货。

　　俄罗斯的钯金库存真实水平一直被当作国家机密严格保守。

——联合国贸易和发展会议

全球钯金市场的中心在俄罗斯，因为俄罗斯的钯金年产量及战略库存在全世界占据主导地位。20世纪70到80年代，俄罗斯通过超额生产，建立了钯金的战略库存。由于钯金主要是生产铂或镍等其他金属时的副产品，即便在金属供应充足市价低迷时期，钯金的生产也在持续进行。

俄罗斯在全球钯金生产中占主要地位，并拥有大量库存。

绝大部分的钯金都产自俄罗斯，而且都产自同一个地方——西伯利亚北部的诺里尔斯克镍矿。钯金库存受俄罗斯财政部和央行的双重监管。如果诺里尔斯克镍矿的供应无法满足需求增长，俄罗斯贵金属管理局（Gokhran）就会拿出库存，填补供需缺口。

钯金简介

钯、铂、钌、铑、锇、铱，均属于铂族金属（PGM）。钯金市场上，半数以上的需求来自汽车催化剂及其他加工流程。此外，钯金也应用于珠宝行业。在过去五年中，平均50%以上的钯金产自俄罗斯。钯金的其他主要生产国是南非和美国，前者产量占全球总产量的三成左右，后者占全球总产量的15%。钯金年产量约为220吨，其市场规模明显小于黄金和白银。相比之下，黄金年产量约为3,000吨，白银约为24,000吨。

伦敦金银市场协会（LBMA）每天两次公布钯金定价，作为国际公认的参考价格。钯金期货主要在美国的纽约商业交易所和日本的东京商品交易所进行交易。

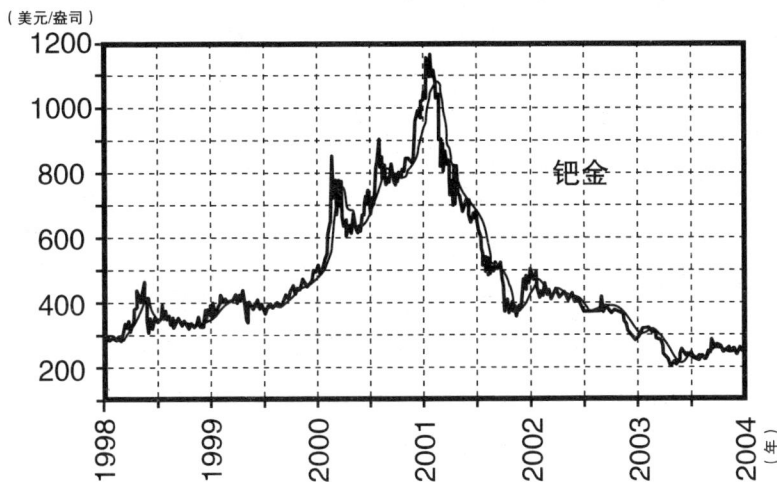

图15：1998—2004年钯金价格走势

数据来源：彭博社，2019年。

20世纪90年代末，汽车催化剂的发展使钯金成为一种重要的工业金属。由于当时钯金的价格相对较低，它被越来越多地用作铂金的替代品。然而，由于俄罗斯生产的钯金经常延迟交货，钯金的价格也水涨船高。

1997年，俄罗斯的钯金交货暂停了七个月之久。次年，钯金交货再次暂停。分析师们开始怀疑，俄罗斯究竟还有没有钯金。自从1997年俄罗斯爆发金融危机之后，似乎大量的库存钯金都用作西方银行贷款的抵押品了。

钯金的价格从120美元涨到1,000多美元，变得比黄金、白银和铂金更昂贵。

钯金的价格从1997年初的120美元/盎司涨到了1998年的200多美元/盎司。1998年4月，钯金价格自1971年以来首次超过了黄金。此后，钯金价格先后攀升至400美元和600美元。2000年2月，钯金价格飙升到800美元以上，而在此期间，黄金的均价才不到300美元。钯金价格似乎已趋于稳定，可实际上，价格却再次站上了1,000美元大关。

2001年初，在金、银、铂、钯这四种可交易的贵金属中，钯金的价格率先突破了1,000美元大关。到了2001年1月末，钯金的价格因供应短缺涨到了1,100美元，在短短四年之内上涨了十倍。

但涨势不可能一直持续。俄罗斯宣布与日本签订了长期供应合同并从2001年1月开始执行之后，钯金的价格又跌回了200美元。而后，在新千年的第一个十年中，大宗商品交易日渐繁荣，钯金价格再次涨到了600美元并保持稳定。但这次的涨幅只有三倍，与2001年的十倍相比，还差得远。

2015年，汽车行业曝出重大排放丑闻（大众"柴油门"事件），推动了钯金价格的又一轮上涨行情。同年9月，美国环境保护署（EPA）向大众汽车集团发出了违反《清洁空气法》的通知。这家德国汽车制造商故意篡改其柴油发动机的数据和软件，以达到排放标准。该丑闻还波及其他的汽车制造商，也提高了人们对柴油动力车排放污染水平之高的认知。应用于汽车催化剂的钯金价格上涨了一倍多，从2015年中期的不到500美元涨到了2018年的1,100美元。到了2019年初，钯金的成交价涨到了1,320美元，再次高于黄金。投资者关心的是，这波上涨能持续多久。

关键内容

· 90%以上的钯金储量都在俄罗斯和南非。钯金（和铂金）主要应用于汽车催化剂系统和相关工业领域。

· 2001年1月，钯金价格涨到了1,100美元，在短短四年之内上涨了十倍。

· 钯金变得比黄金、白银或铂金更为昂贵，是因为钯金最大生产国和出口国俄罗斯不断延迟发货。

· 大众"柴油门"事件是全球汽车行业的重大排放丑闻，它推动了钯金价格的又一轮上涨，较2015年以来上涨了一倍多。

第二十章

铜：人间蒸发的刘其兵

2005年

2008年3月20日，北京第一中级人民法院一审判处刘其兵七年徒刑。一审判决认定，刘其兵于1999年12月至2005年10月，在担任国家发改委国家物资储备调节中心进出口处副处长、处长期间，违反国家对国有单位进行期货交易的相关规定，将该中心资金用于境外非套期保值的期货交易，致使国家发改委物资储备调节中心损失折合人民币9.2亿元。

如果你的员工中偶尔冒出一个流氓交易员，这并不稀奇。

——匿名交易员

大部分人恐怕连刘其兵（Liu Qibing）的名字都不会读。然而，2005年11月，这位中国的铜交易员却成为伦敦、纽约和上海商品期货交易所的头号话题人物。市场传言称，有人在进行投机交易，大量做空铜期货。据说，此人正是中国物资储备局（Chinese State Reserve Bureau，简称"国储局"）的交易员刘其兵，他在伦敦金属交易所开了10万至20万吨的空头合约。

和十年前日本交易员滨中泰男看涨不同，刘其兵判断铜价会下跌。然而，铜价却持续走高，关于大量做空的说法，将伦敦三个月的期铜价格一度推至接近4,200美元/吨的历史新高。

铜价从1,500美元跳涨至9,000美元/吨

自21世纪初以来，铜价出现了连续上涨。2003年12月，铜价首次突破2,000美元/吨大关。而在此之前的数年间，其均价仅略高于1,500美元/吨。在短短几个月内，铜价就快速突破了4,000美元/吨。虽然在当时，经合组织国家（经济合作与发展组织成员国）消耗了全球铜产量的80%左右，但中国的增长势头却更为强劲。在此前五年中，经合组织国家的铜消费量平均年增长率为2.5%，而中国在同期的铜需求增长率却高达每年15%左右。与此同时，铜供应量却迟迟不见增长。

中国铜需求不断增长

当时，中国的铜需求已占全球总需求的四分之一。与此同时，由于生产商的产量在短时间内难以提高，工业金属的整体价格持续上涨。

生产商之所以不愿意增产，主要有两点原因。首先，从开发新铜矿到生产出第一吨铜，往往要花费几年时间；其次，许多生产商并不认为价格能一直维持高位，因此会拖延长期投资项目的开启时间。到了2004年，老铜矿的增产项目和新铜矿的开发项目都已进入了关键阶段。来自全球最大

铜生产商智利国家铜业（Codelco）和中国国储局的专家均表示，预计到2005年底，随着全球铜产量的提高，铜价的上涨也会见顶。可事实证明，这种判断是错误的。

实际情况刚好相反，几乎所有重要生产商都在生产上遇到了困难。成本增加、油价高企、工人罢工，甚至连地震都对生产造成了持续影响。市场预测的新增供给迟迟未能到位，而在中国经济强劲增长的刺激之下，铜需求却大幅上升，结果导致铜价连连上涨。关于刘其兵做空的传言，也起到了推波助澜的作用，伦敦、纽约和上海商品期货交易所的铜库存均下降至30年来的最低水平。

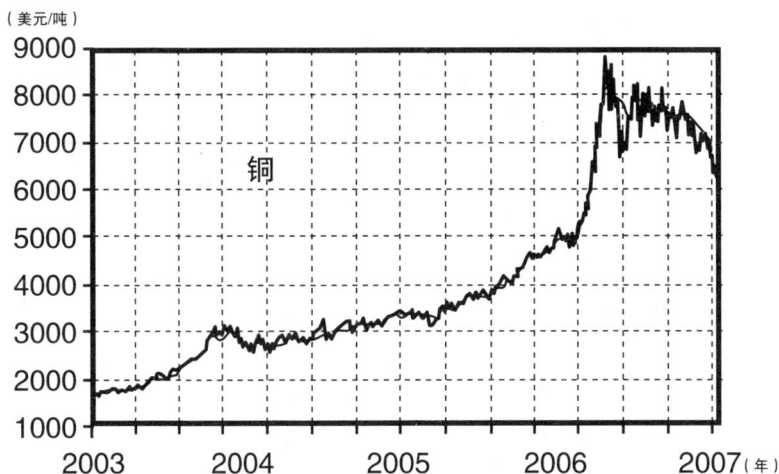

图16. 2003—2007年铜价走势，伦敦金属交易所

数据来源：彭博社，2019年。

据《中国日报》（China Daily）报道，刘其兵以3,300美元/吨的均价，代表国储局卖出了13万吨铜。当铜价涨到4,000美元/吨上方之后，刘其兵与伦敦和中国的其他交易商失去了联系，从此人间蒸发了。

中国交易员断绝了与外界的一切联系

刘其兵于2003年10月间，以国储调节中心名义，在期货市场建立大量空头头寸，后遭遇铜价暴涨，致使2.317万吨保税铜货款亏损。截至2005年下半年，他以结构性期权方式持有的空头头寸又出现巨额亏损。2005年10月，刘其兵销声匿迹，随即在国内国际期货市场上引发震动——这就是2005年底震惊世人的国储铜巨亏事件。

刘其兵出生于湖北农村。自1990年以来，他一直在国储局工作，还曾远赴伦敦金属交易所参加期货和期权交易培训。2005年国庆后，LME铜价突破每吨4,000美元，面临年底即将到期被执行的大量看涨期权，心理崩溃的刘其兵于2005年10月选择了逃遁，且传言还留有遗书。此时，他在伦敦的铜期货及期权上共持有20万吨的未平仓空头头寸。而按照法庭认定的数据，当时账面亏损已达6.06亿美元。

对冲基金在中国被称为"金融大鳄"，它们当然也从中窥探到了短期获利机会。2006年1月，铜价攀升至5,000美元/吨上方，4月初突破6,000美元/吨，4月底涨至7,000美元/吨。到了5月份，铜价冲高至令人眩晕的8,800美元/吨，并在随后的数月中，逐渐回落至正常水平。

关键内容

· 和十年前的日本交易员滨中泰男一样，中国铜交易员刘其兵对铜价走势的判断失误了。他预测铜价会下跌，结果损失惨重。

· 刘其兵就职于中国国储局，该单位负责满足中国经济日益增长的大宗商品需求。市场消息称，刘其兵手中的铜空头头寸约为10万至20万吨。

· 铜价从2003年的1,500美元/吨，一路上涨至2006年的近9,000美元/吨，刘其兵被贴上了流氓交易员的标签。

第二十一章

锌：飓风过后

素有"轻松城"之称的美国新奥尔良，以爵士乐、狂欢节和奥尔良美食闻名于世。然而，很多人不知道的是，这里储存着全球锌库存的四分之一。卡特里娜飓风引发洪水，令新奥尔良全城受灾，锌库存被淹，无法发货。市场担心飓风会对锌库存造成损失，导致锌价创历史新高。

飓风席卷一切，带来了一场灾难。

——乔治·W.布什（George W. Bush），第43任美国总统

锌的主要交易场所在伦敦金属交易所（London Metal Exchange, LME），交易单位为"美元/吨"，是继铜和铝之后的第三大金属交易品种。多年来，锌价一直比较低，采矿公司的利润率也不高。在21世纪的头几年，人们将锌与铜、铝归为同一档次，锌的全球供应也停滞不前。

伦敦金属交易所

在伦敦金属交易所中，铜、铝、锌、铅、镍、锡、钼、钴和钢都可交易。为把握电气化和电动汽车带来的发展机遇，伦敦金属交易所打算在不久的将来，推出锂、锰和石墨的期货交易。伦敦金属交易所的交易时段分为早盘和午盘，交易厅是一个圆形开放式大厅，每天公布一次官方定价。2012年，拥有137年历史的伦敦金属交易所被香港交易所（HKEx）以10亿英镑的价格收购。在此之前，港交所与洲际交易所（ICE）、芝加哥商业交易所（CME）以及纳斯达克（Nasdaq）进行了长达九个月的拍卖竞争。伦敦金属交易所的年交易量超过12万亿美元，是全球最大的金属交易所，紧随其后的是新加坡和纽约的金属交易所。

伦敦金属交易所的远期合约是可进行实物交割的，相应金属库存储存在伦敦金属交易所授权的仓库中。仓库会按照交割单上规定的交割数量和交割地点，向合约持有人发货。目前，从欧洲、美国到中东、亚洲，伦敦金属交易所在全球32个地区拥有400多家仓库。

2003年，随着中国经济的快速增长，工业金属的需求有所上升，但即便如此，锌价涨幅依然落后于其他工业金属。中国对锌供应的短缺产生了较大影响：2004年，中国成为锌的净进口国；2005年前七个月，中国就进口了约67,000吨锌，大大超过2004年全年的15,000吨。尽管在2005年前五个月，全球锌库存还有5万吨的供应过剩，但据国际铅锌研究小组预测，截至2005年底时，锌的市场缺口将达到20万吨。

尽管全球锌库存持续下降，许多生产商依然对增产持怀疑态度。澳大利亚锌飞公司（Zinifex）是仅次于英国斯特拉塔公司（Xstrata）和加拿大特克科明科公司（Teck Cominco）的全球第三大锌生产商。2005年，锌飞公司总经理格雷格·盖利（Greig Gailey）表示："此时此刻，业内没有任何企业急于开发新的锌矿。特克科明科公司和鹰桥公司（Falconbridge）不会，我们自然也不会。"

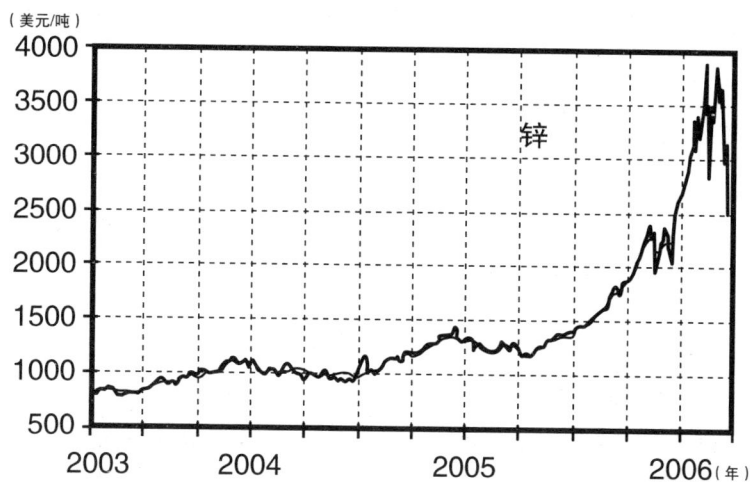

图17：2003—2006年锌价走势，伦敦金属交易所

数据来源：彭博社，2019年。

这时的锌价在1,200美元/吨附近震荡。锌价在750—850美元/吨区间震荡了两年之后，才在2004年初突破了1,000美元/吨关口。

全球约四分之一的锌库存，
都储存在新奥尔良市内及周边的仓库里。

简而言之，这就是2005年8月之前的行情。随后，"卡特里娜"飓风像一颗重磅炸弹，落到了新奥尔良的头上。五级飓风对美国东南部造成了灾难性的破坏。新奥尔良受灾最为严重，整座城市几乎都被海水淹没了。

由于密西西比三角洲的地理位置和贸易条件都非常好，伦敦金属交易所的24个官方授权仓库都设在了新奥尔良市内及周边地区。除了25万吨锌，仓库里还存放着1,200吨铝和900吨铜。根据国际铅锌研究小组（International Lead & Zinc Study Group）估算，当时全球的锌库存才刚刚超过100万吨，约等于35天的全球供应量。而新奥尔良的锌库存约占全球库存的四分之一，接近伦敦金属交易所锌交易量的一半。然而，由于新奥尔良市洪水肆虐，锌库存瞬间就变得极为短缺了。

法国兴业银行（Société Générale）的金属分析师斯蒂芬·布里格斯（Stephen Briggs）表示："事态已经相当严重了，市场普遍认为，锌库存已在灾难中受损，在很长时间内都无法发货。"

谁需要锌?

锌主要应用于其他金属或合金（如钢和铁）的防腐保护，其需求集中在基础设施、建筑和运输等行业。通常，锌是生产铅的副产品，全球开采量约为1,100万吨。锌的主要生产国包括中国、秘鲁、美国、澳大利亚和加拿大；而澳大利亚和加拿大也是锌的最大出口国。与生产更为集中的铜和镍市场不同，前十大锌生产商的产量加起来，还不到全球产量的50%。

消费者总是爱往坏处想。由于投机者预见到新奥尔良仓库的锌会延迟交货，锌价于2005年9月2日涨到了五个月的高点。9月6日，伦敦金属交易所宣布，新奥尔良的锌库存暂停发货，尽管在一周前，它才刚刚确认可以正常发货。于是，伦敦的锌价暴涨了一倍，涨到了1,454美元/吨，创下了1997年以来的历史新高。两天之后，LME的首席执行官西蒙·希尔（Simon Heale）证实，由于无法进入新奥尔良港，暂停发货的情况或将持续到2006年。

2005年底时，锌价突破了1,900美元/吨。仅仅不到两周之后，伦敦锌价就跳涨到了2,400美元/吨。然而，这才是上涨的开端：由于情况不断恶化，锌价在2006年上半年涨到了4,000美元/吨，并在11月创下了4,600美元/吨的新高。到了2007年，恐慌情绪总算过去了。从8月开始，锌价在后面的12个月中持续走低，从3,500美元/吨跌到了1,500美元/吨下方。

关键内容

- 只有市场内部人士清楚，新奥尔良的锌库存约占全球库存的四分之一，接近伦敦金属交易所锌交易量的一半。
- 2005年8月，卡特里娜飓风在新奥尔良肆虐，整个市区都被海水淹没，导致锌库存无法发货。
- 由于锌供应出现短缺，锌价从2005年夏季将近1,200美元/吨上涨到2006年11月的4,600美元/吨，创历史新高。

第二十二章

天然气：布莱恩·亨特和不凋花的凋零

2006年

继能源对冲基金母岩（MotherRock）倒闭之后，不凋花对冲基金（Amaranth Advisors）的破产撼动了整个金融行业。这是在1998年美国长期资本管理公司倒闭之后最大的对冲基金破产案。之所以破产，是因为其能源交易员布莱恩·亨特参与天然气期货投机失败，在几周时间之内亏损了60亿美元。

市场维持非理性状态的时间，可能比你具备偿还能力的时间更长。

——约翰·梅纳德·凯恩斯（John Maynard Keynes）

2006年9月，一条消息引发了金融市场的地震：规模达到百亿美元的美国大型对冲基金不凋花，因参与天然气投机，在两周之内亏掉了约三分之二的资产，面临倒闭。而就在数周之前，另一家专门从事天然气期货交易的对冲基金母岩也倒闭了。这些事件的原因可以追溯到几年之前。在连续经历了2004年和2005年两年史上最严重的飓风季之后，许多对冲基金都对能源市场产生了兴趣。飓风伊万、卡特里娜、丽塔和威尔玛，无一例外地破坏了墨西哥湾的原油和天然气生产设施，导致油品供应出现了大幅短缺。

恶劣天气加上对冲基金的投机，推动天然气价格从6美元/百万英热暴涨到15美元/百万英热以上。

接连发生的极端天气事件，以及秋冬月份的持续需求，导致能源价格波动越来越剧烈。在某些情况下，能源价格会出现大幅飙升，尤其是天然气价格。2004年和2005年上半年，天然气价格维持在6—7美元/百万英热之间震荡。受飓风影响，12月的天然气价格涨到了15美元以上，因为恶劣天气造成生产中断了好几个月。好在这一年冬天相对温暖，没有发生什么风暴天气，再加上扩大进口的关系，天然气价格的上涨在2006年未能持续。

与当年的最高点相比，纽约的天然气基准价格下跌了近三分之二。到了9月，天然气成交价格已经跌到了4美元/百万英热附近。巨大波动对短线投资者而言充满吸引力，而天然气期货合约的波动曲线，为投资者提供了更有趣的投资机会。针对不同到期日合约的价差进行套利，是一种常见的交易策略，对于对冲基金而言更是如此。交易者同时买进同一商品的长期和短期头寸，随着两者价差的扩大与缩小，也就是期限结构的变化速率，来进行套利交易。

天然气介绍

　　天然气是美国最重要的能源之一，市场占比约为25%。天然气的主要用途为家庭供暖、发电及其他工业生产，在总消耗量中占比接近80%。不过，占比20%的供暖需求是季节性的，冬季需求量大，夏季需求量小。

　　美国的天然气生产主要集中在得克萨斯州、墨西哥湾、俄克拉何马州、新墨西哥州、怀俄明州和路易斯安那州。得克萨斯州和墨西哥湾地区的产量占国内总产量的50%以上。另有15%的天然气消费量依赖进口，主要是从加拿大进口天然气或液化天然气（LNG）。

　　天然气的主要交易场所为纽约商业交易所（NYMEX），交易代码为NG，交易币种为美元，一手天然气期货合约的数量为10,000百万英热（按40兆焦耳/立方米换算，百万英热相当于26.4立方米）。

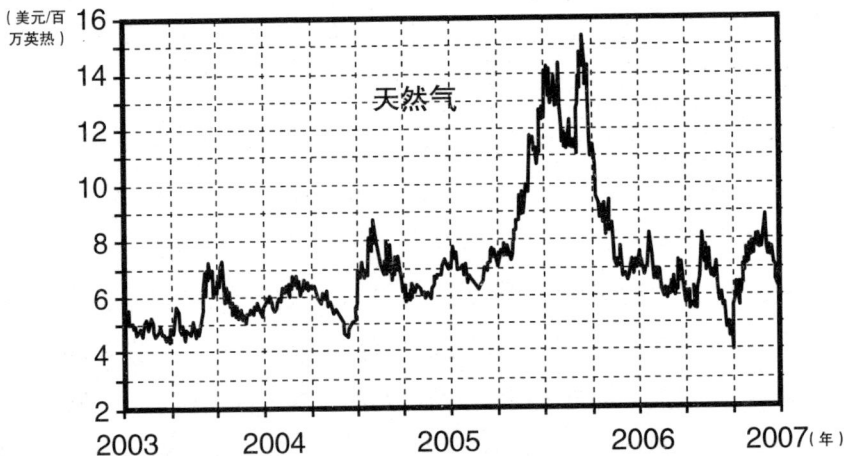

图18：2003—2007年天然气价格走势，纽约商业交易所

数据来源：彭博社，2019年。

　　2006年，在美国天然气市场上有两位顶尖的对冲基金交易员。一位是资产90亿美元的不凋花对冲基金的能源交易主管布莱恩·亨特（Brian Hunter），另一位是掌管着资产约4亿美元的母岩对冲基金的首席执行官罗

伯特·"波"·柯林斯（Robert "Bo" Collins）。母岩能源对冲基金成立于2004年12月，2005年为投资者带来了高达20%的回报。

但是，有些投资者知道，亨特与柯林斯在3—4月和10月至次年1月的天然气合同中持有相反的头寸。2006年7月、2007年3月和4月的天然气期货价差达到了2.60美元。亨特的投资决策表明，寒冷冬季的到来会使价差进一步扩大，而柯林斯则刚好相反，他所在的母岩对冲基金认为价差会缩小。

莱恩·亨特是谁？

布莱恩·亨特出生于1975年，是加拿大数学家和对冲基金经理。2001年至2004年，他在德意志银行纽约分行工作。2001年和2002年，他在天然气期货交易上分别盈利1 700万和5 200万美元，但后来被解雇了，因为他在短短一周内损失了5 000多万美元。于是，他来到了不凋花对冲基金。

在卡特里娜和丽塔飓风肆虐过后，亨特通过天然气期货投机交易，赚了超过10亿美元，成为华尔街的一个传奇。截至2006年8月，他的盈利约为20亿美元。然而，又是在一周之内，他的亏损扩大为盈利的3倍，让不凋花陷入了严重危机。离开不凋花之后，他于2007年成立了一家新的对冲基金。

不凋花对冲基金拥有大约360名员工，最初主要从事可转债套利交易。随着盈利机会逐渐减少，它开始转向能源领域。在纽约商业交易所（NYMEX）和洲际交易所（ICE）中，不凋花在美国天然气交易中占主导地位，每天交易数千份合约，有时单日合约交易甚至多达数万份。不凋花单月持有约10万份天然气期货合约，占美国天然气年消费总量的5%左右。仅在纽约商业交易所，不凋花就持有2006—2007年冬季（10月至次年3月）所有未交割合约的40%以及市场上所有未交割的11月天然气合约的四分之三以上。

不凋花和母岩对于市场价格趋势的预判是相反的。

2006年6月和7月，天然气价格异常波动，致使母岩基金形成了巨额亏损。美国商务部此前公布，天然气库存增加了12%。结果，天然气价格在一周之内下跌了12%。投资者们纷纷离场，更加剧了母岩的困境，导致其亏损扩大到2亿多美元。然而，母岩巨额亏损的主要原因并非价格"异常"下跌。参议院随后的调查证实，不凋花对冲基金大量买进了3月合约，同时卖出4月合约，使天然气不同合约的价差出现了扭曲，截至2006年7月31日，价差扩大了70%。此时，母岩持有的天然气期货头寸大幅亏损，已经到了没钱追加保证金的地步。母岩基金爆仓了，所有头寸于2006年8月全部平仓。莱恩·亨特这次赌赢了。只可惜，他自己离爆仓的日子也不远了。

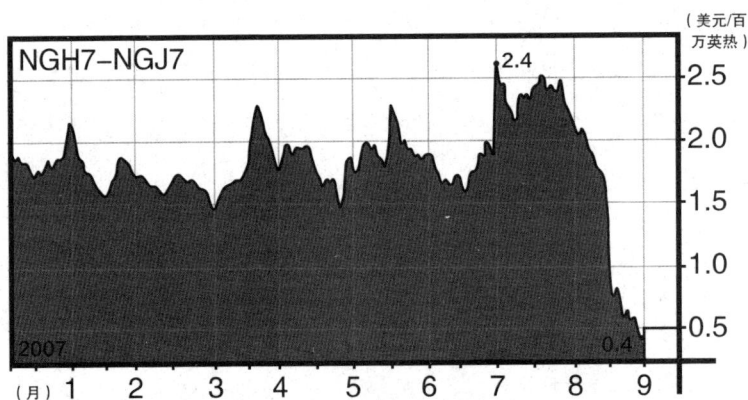

图19：2007年3月和4月天然气期货合约价格的点差，纽约商业交易所

数据来源：彭博社，2019年。

夏末来临时，天然气价格开始震荡下跌。在纽约商业交易所，10月交割的天然气价格从7月的8.45美元/百万英热跌至9月的4.80美元/百万英热下方，创两年半以来的新低。而2007年3月和4月到期的期货合约的价差从6月2.50美元/百万英热的高点暴跌至9月的50美分/百万英热以下，跌幅达75%左右。

　　8月末时，不凋花持有的9月和10月交割的多头和空头合约，加起来高达10万手左右。如此高的仓位意味着，价格每波动1美分，盈亏就会随之波动1,000万美元。如此之大的交易规模不仅引起了天然气价格的较大波动，还影响了期货期限的结构，改变了不同期限合约之间的价格关系。

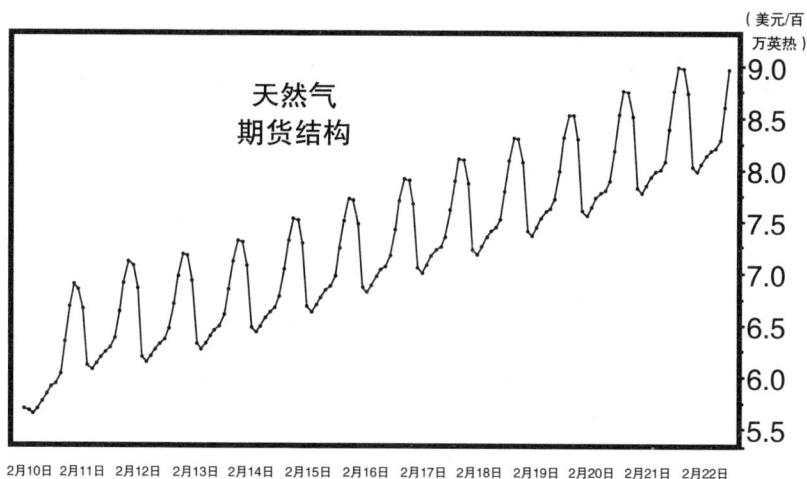

图20：2010年天然气期货合约期限结构，纽约商业交易所

数据来源：彭博社，2019年。

　　不凋花基金所有期货头寸的总价值约为180亿美元。9月合约上涨了60美分，加上10月合约的价格又跌了，导致9月和10月合约的价差缩小，造成了不凋花的巨额亏损。

　　8月29日的损益计算显示，天然气期货的价值一天就亏损了6亿美元。次日追加的保证金将会更高。而价格的进一步下跌，使单日亏损额达到了9.44亿美元。2天之后，不凋花应缴纳保证金已超过了25亿美元。一周后的9月8日，不凋花的应缴保证金超过了30亿美元。

不凋花基金所有期货头寸的总价值约为180亿美元。
到了9月，基金的应缴保证金超过了30亿美元。

　　随着能源市场价格持续大幅波动，不凋花基金的亏损越来越多。其主

要投资人摩根士丹利、瑞士信贷和德意志银行日渐担忧，摩根士丹利更是逼迫不凋花立刻还钱。

仅一周时间，不凋花管理的资产就从90亿美元缩水至45亿美元。其创始人尼古拉斯·马奥尼斯（Nicholas Maounis）在《告投资者书》中表示，由于美国天然气市场价格波动剧烈，公司将平掉手中的头寸，预计年底时，投资者将会承受35%的损失，尽管官方在四周之前才公布了26%的预期年收益。

"不凋花"这个名字起源于希腊语中的"不朽"。现在，残酷的现实就摆在眼前，不凋花并未实现盈利。受害者除了个人投资者之外，还包括瑞士信贷、摩根士丹利和德意志银行旗下的雨伞基金。2007年7月25日，商品期货交易委员会谴责不凋花和布莱恩·亨特试图操控天然气市场价格。亨特离开不凋花之后，创立了自己新的基金公司索伦戈资本（Solengo Capital Advisors）。

2006年9月，不凋花基金倒闭，投资者被告知暂停赎回。直到十年之后的2016年，不凋花的投资者依然在等着拿回他们的本金。

关键内容

· 能源市场在2005—2006年是一个热门话题。天然气价格从6美元/百万英热上涨到15美元/百万英热，并在夏天结束时见顶，而后开始震荡下跌。2006年9月，天然气价格跌回到5美元/百万英热下方。

· 布莱恩·亨特积攒了180亿美元的天然气期货头寸。截至2006年8月，他通过交易赚到了20亿美元。可后来行情急转直下，他在几周时间内亏损了60亿美元，导致不凋花在9月倒闭。

· 不凋花的凋零震动了整个金融业。这是继1998年美国长期资本管理公司倒闭之后最大的对冲基金破产案，投资者至今仍未拿回本金。

第二十三章

橙汁：天公不作美

"梦想远大，积极乐观。永远不要流露出任何软弱。扼住命运的咽喉。低买高卖。"艾迪·墨菲在1983年电影《颠倒乾坤》中扮演了比利·雷·瓦伦丁，这便是他的处世哲学。影片的最后决战是墨菲和丹·艾克罗伊德在橙汁期货市场上的终极较量。而现实中，在经历了2004年到2006年的创纪录的飓风灾害之后，纽约商业交易所的冷冻浓缩橙汁价格翻了两番。

我的天啊！公爵兄弟要操控整个冷冻橙汁市场了！

——丹·艾克罗伊德（Dan Aykroyd），

电影《颠倒乾坤》中路易斯·温索普三世的扮演者

1983年的大片《颠倒乾坤》（*Trading Places*）由艾迪·墨菲（Eddie Murphy）和丹·艾克罗伊德主演。受美国农业部公布的数据影响，在纽约的大宗商品交易所中，橙汁期货交易一片混乱，影片也随之达到高潮。这样的情节并不牵强，因为在纽约商业交易所（NYMEX），橙汁期货交易，或者更准确地讲，冷冻浓缩橙汁的期货交易很容易受到天气的影响。佛罗里达州和巴西圣保罗周边地区是橙子的主要种植地，这里发生的飓风、霜冻或干旱天气，都可能会导致橙汁及其他农产品价格出现季节性波动。价格上涨的主要原因在于5月（巴西霜冻）和11月（佛罗里达飓风季）合约的风险溢价，而低点则一般出现在2月和9月。即便是小型风暴，也可能导致水果减产。

橙汁期货概况

橙子生长在全球热带和亚热带气候地区。橙汁的主要生产国为巴西和美国，全球橙子产量中，有半数以上产于巴西的圣保罗地区和美国的佛罗里达州。在丰收的季节，橙子通常按90磅或40.8千克/箱的规格打包。与水果和普通果汁相比，将水果加工为浓缩果汁，更便于储存、保质和运输。

在纽约，橙汁期货交易的是冷冻浓缩橙汁。一手期货合约为15, 000磅浓缩橙汁，相当于2, 300至2, 500箱橙子。通常情况下，佛罗里达州的橙子产量为2亿箱，价值约12亿美元。

2004年和2005年的飓风季是美国有天气记录以来最为活跃的。

强风暴可以摧毁所有的橙子种植园，在最坏的情况下，还可导致连续数年收成减产。这是因为刚种的橙子树在头三到四年没有果实，只有等种了八年之后，才能达到最高产量。风暴还会影响病虫的传播，对单一种植

园的收成产生极大影响。2004年至2006年，橙汁价格掀起了一场"完美风暴"，甚至盖过了2005年飓风季后原油价格暴涨的风头。

重大风暴

　　大西洋飓风季通常从6月1日持续至11月30日，平均一季刮六次飓风。不过也存在例外情况。2004年是有史以来最活跃、造成损失最大的飓风季。暴风雨和洪水造成了至少3,000人死亡和500亿美元的财产损失。其中，横扫美国的最大风暴包括查理、弗朗西斯、伊万和珍妮，四次风暴均使佛罗里达受灾。

　　而2005年的飓风季则有过之而无不及，刷新了飓风季的活跃纪录，共发生28次风暴，其中包括13次飓风，且有四次达到了五级！按照萨菲尔-辛普森飓风等级（Saffir-Simpson），五级飓风是指风速超过251千米/小时的飓风。2005年的风暴造成了约2,300人丧生和高达1,300亿美元的损失。包括丹宁斯、艾米丽、卡特里娜、丽塔和威尔玛在内的多次强飓风，带来了当年最严重的破坏。2005年8月，卡特里娜飓风在美国东南部肆虐，对新奥尔良市造成了严重破坏。而随后发生的威尔玛飓风则打破了所有纪录，至今仍是公认的史上最强风暴。

　　佛罗里达州的橙汁行业普遍存在补贴过剩的情况，这导致丰收年份的收入水平反而较低。2004年的橙子产量很高，结果2004年5月，橙汁价格同比下降了35%。美国农业部预计2004年的橙子收成在2.45亿箱，远高于上年2.03亿箱的水平，甚至超过了1997—1998年创纪录的2.44亿箱。此外，提倡低碳减肥（橙汁中含的糖也属于碳水）的阿特金斯饮食在当时的美国特别流行，也导致了橙汁需求明显下降。2004年5月底，橙汁在纽约的成交价仅为0.54美元/磅。

（美元/磅）

图21：2002—2006年冷冻浓缩橙汁价格走势

数据来源：彭博社，2019年。

可是不久后，健康饮食的风向又发生了变化。阿特金斯饮食法不再受欢迎，橙汁的需求开始回升。2004—2005年，查理、弗朗西斯、珍妮和威尔玛等四次飓风均影响了佛罗里达州的橙子供应。根据佛罗里达柑橘互助产业协会的数据，仅飓风威尔玛就造成了约3,500万箱的损失，占未采收橙子的17%左右。

冷冻浓缩橙汁的价格从0.55美元/磅涨到了2美元/磅以上，翻了两番！

据美国农业部预测，2005年橙子收成预计仅有1.35亿箱，比往年平均水平低了近10%。市场观察人士判断，受风暴破坏和虫害侵袭的双重影响，当年的橙子产量预计将下滑到过去17年中的最低水平。浓缩橙汁的价格开始上涨，从2004年5月的0.55美元/磅，在两年半的时间里翻了四倍。

2005年10月，浓缩橙汁的价格涨到了1美元/磅以上，突破了向上的心理阻力位，并继续保持涨势。在遭遇了严重霜冻之后，橙汁的价格突破了2美元/磅，创下了1990年1月以来的新高。2006年12月，橙汁的价格再次站到了2美元/磅上方。

橙汁价格创1990年以来的新高。

　　2005至2006年，美国和巴西的橙子产量较上年有所增加，但是供货量与2003—2004年相比，依然下降了30%左右。而后在2007年，橙汁价格回落至1.20—1.40美元/磅之间，并于2008年跌破了1美元/磅关口，回到了正常水平。

关键内容

· 农产品的价格对极端天气非常敏感。受创纪录大西洋飓风季的影响，冷冻浓缩橙汁的价格在2004年至2006年之间翻了两番。

· 2005年10月，橙汁价格涨到了1美元/磅，并继续上涨。2006年12月，橙汁的价格突破了2美元/磅，创1990年1月以来的新高。

· 在艾迪·墨菲和丹·艾克罗伊德1983年主演的电影《颠倒乾坤》中，由于美国农业部在作物报告中透露了气象情况，导致了一场虚构的浓缩橙汁市场风云。

第二十四章

渔业"海狼"：约翰·弗雷德里克森

2006年

约翰·弗雷德里克森（John Fredriksen）靠原油运输起家，逐渐打造了一个庞大的企业帝国，其中包括全球最大的三文鱼养殖企业美威公司（Marine Harvest）。

你是靠死人才活下来的。靠自己根本活不了。要是让你自己出去走一天一夜，你只有饿肚子的份儿。

——杰克·伦敦（Jack London），《海狼》作者

26岁的双胞胎卡特琳（Kathrine）和塞西莉（Cecilie）年轻、漂亮、富有，人们少不了拿她们和社交名人帕丽斯·希尔顿（Paris Hilton）相提并论。在《福布斯》杂志的"最火辣亿万富家女"排行中，这对姐妹花的名次仅次于伊万卡·特朗普（Ivanka Trump）和霍利·布兰森（Holly Branson）。截至目前，她俩从未陷入任何丑闻之中，而是一直在跟着父亲约翰·弗雷德里克森学做生意。74岁的约翰·弗雷德里克森是挪威船王，也是挪威最富有的人。据《福布斯》估算，他的个人资产高达80多亿美元。不过，由于挪威的个税水平很高，弗雷德里克森现在住在伦敦，并持有塞浦路斯公民身份。

弗雷德里克森于1944年5月11日出生在挪威奥斯陆附近。和许多此前发财的人一样，他靠原油赚到了第一桶金。在20世纪70年代的石油危机中，他创办了自己的原油运输公司。在此之前，他就已经在航运业工作了。他打造的油轮船队，是今天全球最大的油轮船队。在20世纪80年代的两伊战争中，他靠风险投资发了财，还向推行种族隔离政策的南非运输原油。

今天，弗雷德里克森领导着一个庞大的企业帝国，旗下有些公司由他直接掌管，有些则通过投资公司管理。作为最大股东，他投资的百慕大前线航运公司（Frontline）拥有一支液化天然气（LNG）油轮船队，并参与了石油钻井平台运营商海洋钻探公司（SeaDrill）和金海洋集团（Golden Ocean Group）和海外船舶控股集团（Overseas Shipholding Group）的业务。在德国，弗雷德里克森是途易集团（TUI Group）的重要股东，他支持并推动赫伯罗特公司（Hapag-Lloyd）出售其集装箱航运部门，促进行业整合。2010年之前，弗雷德里克森是途易集团的最大股东，对公司的发展方向和战略有着很大的影响力。在渔业领域，这位挪威企业家也闯出了自己的名头，管理着当今世界最大的三文鱼养殖企业——美威公司。

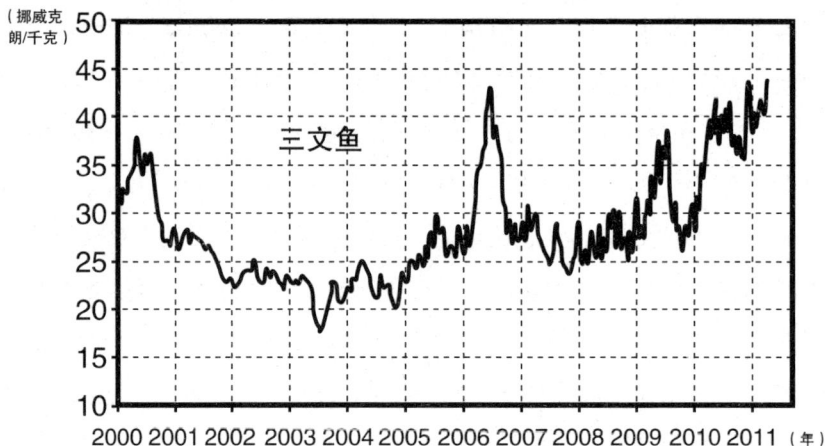

图22：2000—2011年挪威三文鱼价格走势

数据来源：彭博社，2019年。

1971年，德国电视台将杰克·伦敦的著名冒险小说《海狼》改编为电视剧，由雷蒙德·哈姆斯托夫（Raimund Harmstorf）饰演沃尔夫·拉森（Wolf Larsen）。在剧中，拉森捏碎了一个生土豆，以此来表明他的世界观——要么主动出击，要么束手就擒。用这来形容弗雷德里克森所做的交易，可谓恰如其分。

在21世纪的头几年中，由于水产价格低迷，挪威的渔业养殖面临着严重的经济困难，特别是1992年成立的庞仕水产公司（Pan Fish），自2000年以来一直举步维艰。

渔获量是什么？

截至目前，全球最大的渔业国家有中国、秘鲁、印度和日本。在欧洲，挪威、丹麦和西班牙的渔业发展名列前茅。2015年，世界鱼类和水产品出口总值达到了960亿美元。水产业主要包括鱼类、贝类和蟹类的养殖以及藻类的人工种植等。这些水产品的全球市场正在迅速增长。根据联合国粮农组织（FAO）的数据，在近1.5亿吨的渔获量中，水产养殖略高于三

分之一，而且该比例还在上升。根据经合组织和粮农组织的估计，到2020
年，水产养殖的比例将提高到50%左右。什么是渔获量？在渔业生产过程
中，人类于天然水域中获得的具有经济价值的水生生物的质量或重量，称
渔获量。

养殖鱼类具备价格优势。有些人认为，养鱼场能够作为海洋过度捕捞
的应对之策。据粮农组织统计，超过70%的渔场都被"过度捕捞"了。然
而，同样有人指出了弊端。水产养殖的都是肉食性鱼类，如鲑鱼和鳟鱼，
体重是野生鱼类的好几倍。而且，由于过度受孕和抗生素的使用，将鱼圈
养在硕大而密集的围栏中也存在很多问题，尤其是在生态环境较差的地
区，比如东南亚或南美等地。

通过名下的格林威治投资控股公司（Greenwich Holding）以及盖
韦兰贸易公司（Geveran Trading）和韦斯特堡控股公司（Westborough
Holdings）等机构，弗雷德里克森控制着庞仕水产公司50%的股份。2005
年6月，他又通过竞价，成功收购了该公司的剩余股份。同年二季度，他
还通过格林威治投资控股公司，收购了峡湾海鲜公司（Fjord Seafood）
24%的股份。很快，他就收购了该公司接近50%的股份。10月，峡湾海鲜
公司向国营的塞马克水产公司（Cermaq）发出了收购邀约，但因挪威政府
出面反对而最终失败。

2006年3月，弗雷德里克森又干了件大事。荷兰泰高集团（Nutreco）作
为今天全球最大的水产饲料生产商，以接近9亿欧元的价格，将其持有的
美威公司75%的股份卖给了弗雷德里克森的盖韦兰贸易公司。美威公司于
20世纪70年代中期，就一直在参与智利的三文鱼养殖业务。剩下的25%股
份，则被挪威的思多而特运输集团（Stolt-Nielsen）收购了。

2006年12月29日，庞仕水产公司、峡湾海鲜公司和美威公司合并为全
新的美威集团（Marine Harvest Group）。弗雷德里克森成为这家全球迄今
为止最大的水产养殖集团的实际控制人。

关键内容

· 约翰·弗雷德里克森的经历是杰克·伦敦笔下的《海狼》的现代翻版。他靠原油起家，而后积极拓展石油钻探、原油运输、航运及液化天然气等业务。今天，他控制着一个庞大的企业帝国。

· 在21世纪的头几年中，由于水产价格低迷，挪威的渔业养殖面临着严重的经济困难。

· 弗雷德里克森对水产行业进行了两年多的积极整合，终于在2006年通过并购，打造了全新的美威集团。今天，美威已经成为全球渔业和水产养殖业的领军者。

第二十五章

钢铁巨头：拉克希米·米塔尔

2006年

随着经济的蓬勃发展，中国对原材料的需求与日俱增，让奄奄一息的钢铁行业起死回生。拉克希米·米塔尔通过对老牌钢铁厂进行巧妙的并购和重组，先后收购了主要竞争对手和全球第二大钢铁生产商阿塞洛，从印度的一个小企业发展成为世界上最大的钢铁巨头。

我想当钢铁大王。

——拉克希米·米塔尔（Lakshmi Mittal）

力争做到最好。

——安德鲁·卡内基（Andrew Carnegie）

这是一场梦幻婚礼，整个场景布置如同印度古代大君的宫殿，就像《一千零一夜》里的那种。2004年6月22日，烟花照亮了巴黎的夜空，宝莱坞明星艾西瓦娅·雷（Aishwarya Rai）和沙·茹克·罕（Shah Rukh Khan）为来宾们表演了节目，流行歌星凯莉·米洛（Kylie Minogue）为大家献唱。婚宴的餐桌上准备了5,000多瓶木桐古堡1986葡萄酒。23岁的瓦尼莎·米塔尔（Vanisha Mittal）与25岁的伦敦投资银行家兼剑鱼投资公司（Swordfish Investments）创始人阿米特·巴蒂亚（Amit Bhatia）喜结连理。晚上的庆祝活动，是为期六天的婚礼活动的重头戏。主家包了12架波音飞机，将1,500多名客人从印度邀请到法国参加婚礼，并参观了杜伊勒里宫、凡尔赛宫和子爵城堡。银色的婚礼邀请函里，附赠了巴黎洲际大酒店五星客房的房卡，酒店600多间客房被全部包下。来宾的伴手礼是装满珠宝的名牌手袋。据估计，这场豪华婚礼花费了约6,000万美元。而签署支票的，正是新娘的父亲——拉克希米·米塔尔。

这位大亨为女儿举办了童话般的梦幻婚礼，并于同年从一级方程式集团（Formula One Group）总裁伯尼·埃克莱斯顿（Bernie Ecclestone）手里，斥资约1.3亿美元，购置了位于伦敦肯辛顿区的一处王子宅邸。他究竟是何许人也？

拉克希米·米塔尔的父亲曾在印度的拉贾斯坦邦经营一家小型钢铁厂。后来，他们举家搬到了加尔各答，父亲接管了当地的一家大型工厂。在那里，拉克希米开始从头学习钢铁业务。

在加尔各答学习了工商管理后，米塔尔于1976年开始负责印尼一家破旧的钢铁厂并对工厂进行现代化改造。此前，家里花了150万美元将这家老钢铁厂买了下来。在他此后的人生中，这种并购、重组的经营模式不断上演。他收购了许多亏损或利用率很低的钢铁厂，并通过降低成本、销售引导、裁员和停业等多种方式，对其进行重组。

中国经济的快速增长带来了钢铁行业的繁荣，拉克希米于短短几年之内，就跻身了全球富豪的行列。

拉克希米·米塔尔打造了全世界最大的钢铁公司。

慢慢地，米塔尔开始收购那些规模更大的钢铁厂。1989年，他在特立尼达和多巴哥收购了废弃钢铁厂，并进行了改造。1992年，他又在墨西哥斥资22亿美元购买了最先进的钢铁生产设备，虽然后来因为石油繁荣的结束，而被迫抛售资产。当时，墨西哥总统卡洛斯·萨利纳斯（Carlos Salinas）仅以2.2亿美元的价格，将钢铁厂卖给了这位印度企业家，米塔尔仅需筹集2,500万美元的现金而已。后来，他将钢铁厂更名为墨西哥伊斯帕特公司（Ispat Mexicana，Ispat在印度语中意为"钢铁"）。

1995年，米塔尔迎来了事业的又一次腾飞。苏联解体之后，哈萨克斯坦的煤矿和钢铁行业巨头卡玛特沃克公司（Karmetwerk）开始了私有化改革。西方公司望而却步，但米塔尔却花4亿美元收购了该公司。裁掉了三分之一的员工，并在一年之内扭亏为盈。罗马尼亚的西戴科斯公司（Sidex）开始私有化之后，他又再度出手。这次收购引起了一定争议，因为在米塔尔向英国工党捐款之后，来自工党的英国首相托尼·布莱尔（Tony Blair）特地向罗马尼亚总统阿德里安·恩斯塔斯（Adrian Năstase）写信，推荐米塔尔参与收购。

米塔尔钢铁公司创建于2005年春天。

2004年10月，米塔尔宣布，私人企业LNM控股公司、上市公司伊斯帕特国际（Ispat International）将与美国国际钢铁集团（American International Steel Group，ISG）进行合并。后者由美国LTV钢公司（LTV Steel）、前行业巨头阿克梅钢公司（Acme Steel）和伯利恒钢铁公司（Bethlehem Steel）的资产重组而设立。2005年春天，这笔45亿美元的并购交易顺利完成，总部位于荷兰的米塔尔钢铁公司正式成立。

钢铁行业的起起落落

不论是美国的卡内基（Carnegie）、范德比尔特（Vanderbilt）还是德国的蒂森（Thyssen）、克虏伯（Krupp），都是全球钢铁发展史上响当当的人物。与汽车行业相比（前十大汽车制造商的产量占全球总产量的90%以上），今天的钢铁行业高度分散，前十大钢铁制造商的产量还不及全球总产量的三分之一。阿塞洛米塔尔钢铁集团（ArcelorMittal）是行业第一，其次是新日本制铁公司（Nippon Steel）、中国宝山钢铁、韩国浦项制铁公司（POSCO）和JFE钢铁株式会社（JFE Steel）等，但与第一名相比，这些公司的规模还有相当大的差距。

对于西方钢铁制造商而言，20世纪90年代可谓黑暗的年代。具体而言，产能过剩和低价进口导致美国的钢铁行业陷入了严重危机。自20世纪90年代起，30多家钢铁企业不得不申请破产和债权人保护。然而，中国经济的快速发展彻底扭转了这种情况。2000年，中国的钢铁需求占全球市场的15%左右，而十年之后，中国的需求比例已增加至近50%，使得市场上的铁矿石和冶金煤等原材料供不应求，进而导致粗钢价格大涨。在21世纪初，粗钢价格为200美元/吨；而到了2008年，价格已经涨到了1,100美元。

米塔尔创造了全球最大的钢铁生产商，产能超过7,000万吨。公司约90%的股份由米塔尔家族持有。但米塔尔并没有满足，他希望自己能够超越安德鲁·卡内基（Andrew Carnegie）和伯利恒钢铁公司的查尔斯·施瓦布（Charles Schwab）。

2005年10月，乌克兰最大的克里沃罗格钢铁厂（Kryvorizhstal）组织拍卖，乌克兰总统坚决反对前总统女婿的财团收购钢铁厂，结果让米塔尔以48亿美元的价格竞拍成功。然而，在这一切的背后，一笔更大的交易正在酝酿，它将对钢铁行业产生深远的影响。

（美元/吨）

钢铁

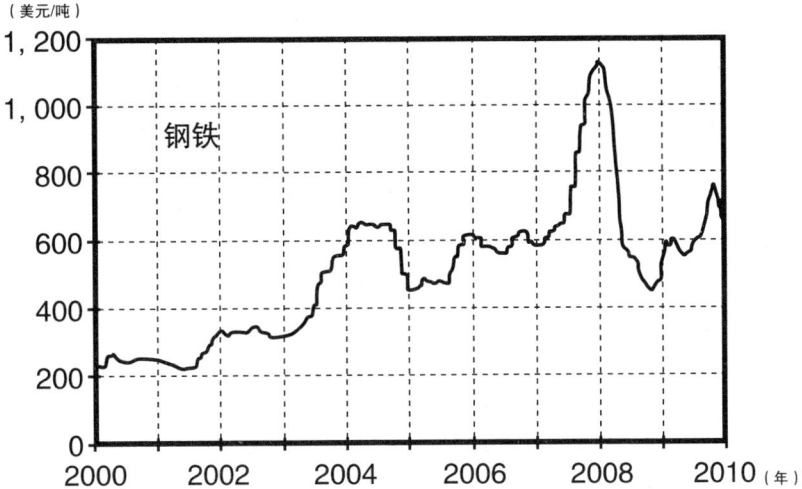

图23：2000—2010年钢铁价格走势

数据来源：彭博社，2019年。

2006年1月27日，米塔尔宣布，已向全球第二大钢铁生产商阿塞洛钢铁集团发出了收购要约。他报出了接近200亿美元的收购价格，较公司股票上日收盘价溢价27%。阿塞洛钢铁集团本身是由法国、西班牙、卢森堡和比利时的钢铁厂合并而成的，2005年其粗钢产量接近5,000万吨。米塔尔这种带着敌意的收购企图激怒了阿塞洛的管理层，卢森堡、法国和比利时政府也出面表示了反对。

"印度人配不上我们伟大的文化。"阿塞洛的法国负责人盖伊·多尔（Guy Dollé）表示。这句话让这场收购变成了一场文化战争。阿塞洛曾尝试与俄罗斯的北方钢铁厂（Severstal）合并以求自救。

这场较量仿佛是一场充满风险的赌局。在一个月的时间里，阿塞洛以价格太低为由，两次拒绝了米塔尔的报价。而后，在2006年6月，阿塞洛董事会进行了一次长达九个小时的马拉松式谈判，最终同意米塔尔以340亿美元的价格进行收购。这个价格比阿塞洛股票上日收盘价又高出了15%，比米塔尔最初的报价高出了45%。

随着阿塞洛和米塔尔的成功合并，世界上最大的钢铁生产商诞生了。其粗钢产量近1.2亿吨，约占全球市总产量的12%，销售额高达600亿美元，员工超过32万人。而排名紧随其后的新日铁，产能还不及前者的三分之一。

在收购了阿塞洛之后，米塔尔家族对新公司的股份进行了减持，只保留了45%。尽管如此，据估算，其时米塔尔的个人资产依然高达250亿美元，是世界上排名第五的大富豪。

关键内容

· 随着经济的蓬勃发展，中国对资源的需求与日俱增，让奄奄一息的钢铁行业重获新生。从2000年到2008年，全球钢铁价格上涨了近五倍。有一位企业家比其他人更早地注意到了这一行业趋势。

· 拉克希米·米塔尔成为"钢铁大王"。2005年，这位印度企业家通过收购美国国际钢铁集团，以及前美国钢铁巨头阿克梅钢公司和伯利恒钢铁公司的剩余资产，创建了米塔尔钢铁公司。但他并不满足于此。经过了激烈的竞标之后，米塔尔于2006年夏天收购了阿塞洛，打造了全球最大的阿塞洛米塔尔钢铁集团。

· 在完成收购之后，米塔尔成为全球第五大富豪，据估算，其个人资产高达250亿美元。

第二十六章

原油："七姐妹"归来

2007年

原油生产和全球石油储备，曾经是由少数几家公司组成的"七姐妹"俱乐部控制的。但是，随着石油输出国组织（欧佩克）的成立以及西方国家以外的国有石油公司的崛起，其影响正在逐渐减少。

石油行业的情况与其他行业是不一样的。

——C.C.波科克（C.C.Pocock），壳牌石油公司主席

2007年，《金融时报》发明了"新七姐妹"一词，用来描述经合组织（OECD）以外的全球最具影响力的七家能源公司。"七姐妹"这个说法产生于20世纪50年代，用于指代以标准石油公司的后继者主导的财团，包括新泽西标准石油公司（Standard Oil of New Jersey）、纽约标准石油公司（Standard Oil Company of New York）、加利福尼亚标准石油公司（Standard Oil of California）、海湾石油公司（Gulf Oil）、德士古公司（Texaco）、荷兰皇家壳牌石油公司（Royal Dutch Shell）和英普石油公司（Anglo-Persian Oil Company）。

在很长一段时间内，这"七姐妹"一直主导着石油行业。因为根据与伊朗政府签署的框架协议，它们控制着第三世界原油生产国的企业联盟。根据长期供货协议，原油生产国不仅得将其生产的大部分原油卖给"七姐妹"，而且原油贸易及分销也得受其控制。

20世纪70年代之前，"七姐妹"控制着世界石油储备的85%。

20世纪70年代之前，"七姐妹"控制着全球约85%的石油储备，拥有绝对的话语权。然而，到了70年代初期，越来越多的产油国开始对石油行业进行国有化改革。1971年，阿尔及利亚率先进行了国有化，利比亚紧随其后。1973年，伊朗也对国内的石油行业进行了国有化。

"七姐妹"的势力不断削弱，而作为"七姐妹"在供给侧的对等机构，1960年成立的欧佩克的重要性则与日俱增。

今天，欧佩克成员国供应着全球约40%的原油，根据其公布的数据，其成员国的原油储备共占全球原油储备的75%左右；而近年来，西方国家的原油产量一直保持着下降趋势。

**时至今日，在老牌"七姐妹"中，四家依然健在的是：
埃克森美孚、雪佛龙、荷兰皇家壳牌和英国石油公司。**

为了抵御价格的剧烈波动，扭转油价持续在10美元下方震荡的局面，大型石油公司展开了频繁并购。例如，埃克森公司（原新泽西标准石油公司）和美孚石油公司（原纽约标准石油公司）于1999年合并，成立了埃克森美孚公司（ExxonMobil），这是当今世界上最大的石油公司，其年收入甚至超过了许多小国的经济生产总值。

加利福尼亚标准石油公司后来发展成为雪佛龙公司，并于1985年和2001年分别接管了美国海湾石油公司和德士古公司。英普石油公司首先通过并购，成为英伊石油公司（Anglo-Iranian Oil Company）；在收购了阿莫科公司（原印第安纳标准石油公司）和大西洋富田公司（Atlantic Richfield）之后，公司正式更名为英国石油公司（British Petroleum）。

**今天的石油巨头包括英国石油、雪佛龙、康菲石油、
埃克森美孚公司、荷兰皇家壳牌和道达尔公司。**

通过1999年法国道达尔公司（Total）与比利时菲纳石油公司（Elf Aquitaine）的合并，以及2002年美国康纳和石油公司（Conoco）和菲利普斯石油公司（Phillips）的合并，法国的道达尔公司和美国的康菲石油公司成为和另外四家石油公司齐名的能源巨头。现在，经常被媒体称作"石油巨头"（Big Oil）的公司共有六家：英国石油、雪佛龙、康菲石油、埃克森美孚公司、荷兰皇家壳牌和道达尔公司。但是，与当年的"七姐妹"相比，他们今天的影响力要小得多。所有"石油巨头"加起来，才控制着不到10%的全球石油、天然气产量，其石油储备占比也同样大幅下降了。

相比之下，石油行业的"新七姐妹"则共同控制着全球石油、天然气产量和全球储量的三分之一。它们分别是沙特阿美石油（Saudi

Aramco）、俄罗斯天然气（Gazprom）、中国石油（CNPC）、伊朗国家石油（NIOC）、委内瑞拉石油（PDVSA）、巴西石油（Petrobras）和马来西亚石油（Petronas）。

"新七姐妹"分别是沙特阿美石油、俄罗斯天然气、中国石油、伊朗国家石油、委内瑞拉石油、巴西石油和马来西亚石油。

沙特阿美石油公司位于沙特阿拉伯的宰赫兰，是阿美集团中最重要的一员。作为全球最大的石油公司，其原油日产量高达1, 200万桶，石油储量约为2, 600亿桶，几乎占全球储量的四分之一。公司经营的盖瓦尔油田（Ghawar）是全世界最大的油田。2015年至2016年，原油价格大幅下跌，沙特王国原本打算让阿美石油公司通过IPO募集资金，但相关上市计划未能完成。

截至2006年底，俄罗斯天然气工业股份公司和中国石油天然气集团公司的子公司中国石油，已经把大多数西方能源公司的市场价值远远甩在后面。中石油、中海油（CNOOC）和中石化（Sinopec）是中国三家最大的石油公司。

俄罗斯天然气曾经是一家俄罗斯国企，目前是全球最大的天然气生产商。2005年，由于俄罗斯与乌克兰爆发了天然气争端，整个欧洲都领教了俄罗斯天然气的巨大实力，该公司还垄断了俄罗斯的天然气出口业务。

伊朗国家石油公司总部位于德黑兰，既是伊朗石油部的一部分，也是一家国企，在全球石油市场上十分活跃。委内瑞拉石油公司作为该国石油行业国有化改革内容之一，现已成为拉丁美洲最大的石油公司。在巴西坎波斯盆地，部分上市的巴西国家石油公司（官方名称Petróleo Brasileiro）的产量占巴西石油产量的80%以上。该公司在海上石油钻探和深层钻探方面居业内领先水平。巴西发现的图皮油田，很可能是世界上第三大油田。马来西亚石油公司也是国有石油公司，以其地标建筑吉隆坡双子塔而闻名，是全球最大的石油、天然气公司之一，拥有100多家分公司，在30多个国家设有代表处。

关键内容

- 在洛克菲勒的标准石油帝国解体之后，名为"七姐妹"的石油行业财团应运而生，分别包括新泽西标准石油公司、纽约标准石油公司、加利福尼亚标准石油公司、海湾石油公司、德士古公司、荷兰皇家壳牌石油公司和英普石油公司。20世纪70年代中期以前，"七姐妹"控制着全球约85%的石油储备。

- 随着欧佩克的成立以及西方国家以外的国有石油公司的崛起，"七姐妹"的影响日渐减弱。今天，欧佩克控制着全球石油天然气产量的40%左右。

- 老牌"七姐妹"中，至今健在的几家公司通过系列并购，形成了油气行业的六家"石油巨头"：英国石油、雪佛龙、康菲石油、埃克森美孚公司、荷兰皇家壳牌和道达尔公司。与当年的"七姐妹"相比，他们仅控制着不到10%的全球石油天然气产量。

- "新七姐妹"分别是沙特阿美、俄罗斯天然气、中国石油、伊朗国家石油公司、委内瑞拉石油公司、巴西石油公司和马来西亚石油公司。这七家公司控制着全球石油天然气产量和全球储量的三分之一。

第二十七章

小麦：澳大利亚的"千年大旱"

2007年

澳大利亚农业经历了连续七年的市场萧条。然而，一场千年大旱让小麦的国际价格屡创新高，成千上万的澳大利亚农民预计当年将颗粒无收。这是否是全球气候变化影响的前奏？

这是一场典型的千年旱灾，比百年旱灾要严重得多。

——大卫·德雷弗曼（David Dreverman），

墨累达令河流域管理局负责人

在澳大利亚的土著语言中，"Uamby"一词的意为"水流交汇之处"。然而，在澳大利亚的乌姆比农场（Uamby），水源却早已枯竭了。乌姆比农场位于满吉（Mudgee）东北50千米处，后者以酿酒和牧羊而闻名。2006年是澳大利亚有气象记录以来，最热且降雨量最少的年份之一。

尽管极端旱情严重影响了农业生产，但这只是夏季恶劣气候的开端。在澳大利亚，夏季通常为12月到3月期间，水资源储备变得越来越少，动物已经找不到食物了。牧场一片荒凉，土地龟裂，只能靠购买水和食物维持生存。旱灾之前一牧场养了4800只羊，如今只剩2800只。牧民不得不以5美元一只的价格卖掉剩下的羊，尽管他原本期望卖到40美元一只。

全球小麦市场

全球小麦年产近6亿吨，不同品种的小麦与玉米、水稻都是全球种植最广泛的谷类作物。小麦占全球热量总需求的五分之一左右，是牲畜的重要饲料，也可以用作生产乙醇等生物燃料。全球每公顷小麦平均产量略低于3吨（1公顷为10,000平方米，约等于一个足球场的大小）。小麦产量中，很大一部分都用于满足生产国的国内需求。全球小麦总产量中，仅有约1亿吨进入国际市场，成为可能在粮食短缺时期影响小麦价格波动的因素之一。

农业是澳大利亚的支柱产业之一，从业者多达40余万人。旱灾之下，国内粮食形势十分严峻。2007年初，由于生存环境恶劣，每四天就有一个农民自杀。到了次年初，超过70%的耕地（约3.2亿公顷）因缺少雨水和持续高温而受灾。

墨累达令河流域是澳大利亚的"粮仓"，
每年，全国40%的小麦均产自这里。

墨累达令河流域的受灾情况尤其严重。这片流域绵延数千千米，面积约为法国和西班牙面积的总和，满足了澳大利亚约15%的水源需求。据官方公布，2007年河流供水量同比减少了约50%，而2006年本身就已经是史上旱情最严重的一年了。墨累达令河流域一直是澳大利亚的粮仓，澳大利亚40%的小麦均产自这里。与此同时，距墨尔本330千米以外，小麦种植带沿线一些小型城镇正在逐渐沦为鬼城，丁布拉（Dimboola）就是其中之一。

在国际市场上，澳大利亚是第二大小麦出口国，地位举足轻重。在气候正常的年份，澳大利亚每年小麦出口量高达2500万吨。但是，澳大利亚已经连续七年气候异常了，其中不乏史上最严重的旱灾。2006年，澳大利亚经历了自1900年以来的第三大旱灾。据澳大利亚农业和资源经济局（ABARE）估计，2006—2007年的冬小麦收成只有2,600万吨，较上年减少了36%。谁知，2007年比2006年还要糟糕，专家们称其为千年一遇的大旱。澳大利亚总理约翰·霍华德（John Howard）表示，这是"生平经历的最严重的旱灾"。导致干旱的直接原因是众所周知的厄尔尼诺现象（El Niño），即太平洋海水升温，导致气候出现异常。环境和气象专家还称，随着全球变暖，厄尔尼诺现象出现的频率和强度会明显增加。

厄尔尼诺现象

厄尔尼诺（El Niño，西班牙语中的"男孩"，意为"圣婴"，因为厄尔尼诺现象通常发生在圣诞节前后）描述的是一种天气现象，由于太平洋海水表面温度上升，引起了季风和信风发生变化，并削弱了南美西岸的洪堡寒流。海面表层温暖的海水从南亚流向南美，途径东太平洋的赤道地区，同时，澳大利亚和印度尼西亚附近海域的水温则出现了下降。其结果导致了全球气候模式的变化：南美洲和北美洲的西岸地区暴雨频发，而澳大利亚、印度和东南亚地区则经常发生干旱、粮食歉收和丛林火灾。

拉尼娜（La Niña，西班牙语中的"女孩"）现象则刚好相反，是指赤道太平洋出现的异常寒流，其影响是导致印度尼西亚的暴雨和秘鲁的干旱。

澳大利亚的小麦收成至关重要，因为在2006—2007年，全球小麦产量仅为5.98亿吨，大大低于前两年的6.21亿吨和6.28亿吨。排名前15的小麦生产大国的产量占全球总产量的80%左右。澳大利亚是当时仅次于美国的第二大出口国，约占全球小麦出口的16%。

当粮食歉收的消息传来时，正是需求上升、经济繁荣、经济强劲增长的时候。这一年的全球小麦消费量预测为6.11亿吨。

澳大利亚小麦歉收，首先影响的是亚洲和中东地区，因为这些国家每年都会从澳大利亚进口小麦。而今，它们只能从美国和加拿大进口小麦了。欧洲也受到了同样的影响，乌克兰在2006年农作物的产量下降了一半。

2008年2月，小麦的价格比2006年上涨了两倍多，达到了近13美元/蒲式耳。

芝加哥期货交易所（CBOT）的小麦价格很快便开启了空前的涨势。在2006年之前的几年中，小麦价格的波动区间主要在2.5美元/蒲式耳到4美元/蒲式耳之间。可到了2004年初，小麦库存下降到了1980年以来的最低水平。欧洲和中国的收成都不好，这意味着中国将不得不连续第四年进口小麦，导致谷物价格震荡上涨。

2006年10月，小麦价格首次突破5美元/蒲式耳大关，并保持高位震荡。到了2007年6月，小麦价格涨到了6美元/蒲式耳，8月涨到了7美元/蒲式耳，9月初涨到了8美元/蒲式耳，月底涨到了9美元/蒲式耳，10月初已经涨到了9.50美元。

而与此同时，全球小麦库存却持续下降，达到了26年来的最低点。此外，加拿大作为国际市场上另一个主要的小麦出口国，7月底粮食储备同比暴跌29%，而埃及、约旦、日本和伊拉克等国则纷纷下了大量的小麦购买订单。

图24：2005—2008年小麦价格走势，芝加哥期货交易所

数据来源：彭博社，2019年。

经历了这波快速上涨之后，国际小麦价格出现了盘整，但事后看来，这里只不过是一次短暂的上涨中继。2008年2月初，小麦价格突破了10美元/蒲式耳大关，且维持涨势。2008年2月27日，小麦的收盘价为12.80美元/蒲式耳，较2006年初上涨了两倍多。

毁灭性的干旱使澳大利亚近年来的收成减半，2007—2008年的全球小麦产量只有6.09亿吨。但粮食短缺情况还是开始缓解，小麦价格的快速上涨，激励着农民开始重新耕种以前的休耕地。2008—2009年，全球小麦产量达到6.88亿吨。同年，澳大利亚前所未有的旱灾终于结束了，尽管气象专家依然认为，澳大利亚未来的农业发展前景不容乐观。

关键内容

· 2006年，澳大利亚经历了自1900年有气象记载以来的第三大旱灾。可2007年却比2006年还要糟糕，成为史上最炎热的一年。

· 在经历了持续数年的干旱之后，千年旱灾对澳大利亚的农业造成了毁灭性的破坏。全国小麦收成下降了50%，令全球谷物市场陷入恐慌，因为澳大利亚是仅次于美国的全球第二大小麦出口国。

· 2006年10月，小麦价格首次突破了5美元/蒲式耳大关。2007年夏季，小麦价格快速上涨。2008年2月，小麦价格突破了10美元/蒲式耳的心理关口，月线收盘于12.80美元/蒲式耳。与2006年初相比，小麦价格已经上涨了两倍多。

· 环境和气象专家认为，澳大利亚的千年旱灾是由厄尔尼诺现象引起的，后者的强度和频率或与全球气候变暖有直接关系。

第二十八章

天然气：加拿大丑闻余波

2007年

　　蒙特利尔银行的新总裁比尔·道恩才刚刚上任，就不得不公布由于在商品市场投机失败，2007年第二季度蒙特利尔银行出现了创纪录的亏损。在不凋花对冲基金破产半年之后，另一桩天然气交易丑闻再次动摇了市场参与者的信心。

　　4.5亿美元的亏损是如何在这么短的时间内造成的？是风险控制出了问题，还是有人蓄意在隐瞒交易？

　　　　　　　　　　　　　　——利·帕金森（Leigh Parkinson），风险咨询师

2007年4月中旬，纽约期权交易公司Optionable的三名董事抛售了手里价值近3,000万美元的股份。仅仅几天之后，德勤会计师事务所向其委托人蒙特利尔银行（Bank of Montreal，BMO）发布了一份审计报告，称其天然气投资组合出现了3.5亿至4.5亿加元的亏损。对于上任仅一个月的新总裁比尔·道恩（Bill Downe）来说，这真是一份糟糕的"惊喜"，他马上就要宣布蒙特利尔银行的季度数据了。

加拿大老牌银行

蒙特利尔银行成立于1817年，按存款额计算，是加拿大第四大银行。该行在加拿大的发展建设中发挥了重要作用，于19世纪80年代为第一条横贯美洲大陆的铁路提供了资金支持。今天，蒙特利尔银行的业务包括私人银行业务、企业客户服务（零售银行）、投行业务（资本市场）和理财管理等。从1990年到2007年，江伯勤（Tony Comper）担任其总裁。在其任内，蒙特利尔银行于2000年在天然气期货交易中曝出了一起小丑闻，导致了3,000万加元的损失。7年之后，比尔·道恩成为蒙特利尔银行的新总裁。

出问题的交易员是大卫·李（David Lee）。他在蒙特利尔银行从事天然气期权交易，既在纽约商业交易所（NYMEX）交易，也做场外交易。大卫·李20多岁就进了蒙特利尔银行。在此之前，他曾在纽约银行工作，从零开始，一手打造了衍生品交易部门。他从分析师开始做起，很快就转到了交易部门，从事天然气期权交易。

在蒙特利尔银行，大卫·李的大部分交易都是通过期权交易公司Optionable完成的。对于一个像Optionable这样规模不到20人的经纪商而言，大卫·李的交易几乎占到了其总收入的30%。其总裁凯文·卡斯迪（Kevin Cassidy）和大卫·李成为好朋友，也就不足为奇了。

2006年，蒙特利尔通过大宗商品交易实现了巨额利润。

天然气交易为蒙特利尔银行带来了丰厚的额外收入。其大宗商品交易规模是国内市场领导者加拿大皇家银行（Royal Bank of Canada，RBC）的15至20倍。蒙特利尔银行在休斯敦、纽约和加拿大能源之都卡尔加里均设有办事处。2006年3月，在蒙特利尔银行的年度股东大会上，总裁江伯勤宣布，投行部门业绩优异，主要归功于石油和天然气的交易利润。

大宗商品交易发展势头迅猛。由于2005年卡特里娜飓风对能源生产造成了破坏，天然气价格出现上涨。2004年至2005年上半年，天然气价格一直在6到7美元/英热之间震荡。飓风过后，企业客户对套期保值交易越来越感兴趣。2005年12月，美国天然气价格已经涨到了15美元/百万英热以上。

不过，天然气价格的涨势未能一直延续。在几周时间内，纽约的天然气基准价格暴跌了近三分之二。飓风并没有阻挡暖冬的到来，天然气供应十分充足。客户的投资热情明显降温，而蒙特利尔银行的能源交易却有增无减。

蒙特利尔银行的明星交易员大卫·李
在天然气期权交易上出现了严重失误。

大卫·李带领的蒙特利尔银行交易团队将注押在了天然气价格的反弹上。市场参与者发现，有人在纽约商业交易所和场外买进了大量的天然气期权头寸。但是，随着天然气价格继续走低，波动率逐渐下降，看涨期权终于爆仓了。

大卫·李的交易头寸逐渐失控，但是在Optionable公司的掩护之下，他隐瞒了交易亏损。后来，SNI（Schatz Nobel Izard）律师事务所指责Optionable公司协助蒙特利尔银行的交易员伪造账务以及价格造假等问题。等到德勤会计师事务所对季度数据开展审计时，亏损的事情才最终败露，审计亏损金额高达3.5亿至4.5亿加元。蒙特利尔银行立即终止了与Optionable公司的合作，后者的股票遂暴跌了近90%。

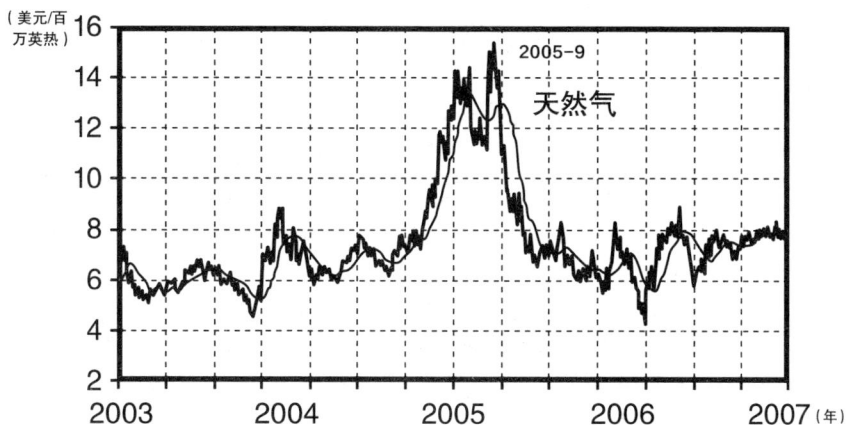

图25：2003—2007年天然气价格走势，纽约商业交易所

数据来源：彭博社，2019年。

2007年4月底，就在季度数据公布的前几天，蒙特利尔银行发出了业绩预警，指出该银行在大宗商品市场出现延期交易头寸，即天然气头寸，严重影响了季度利润。高盛（Goldman Sachs）和芝加哥大型对冲基金城堡资本（Citadel）均对接管蒙特利尔的投资组合表示出兴趣。但蒙特利尔银行的经理们认为，可以靠自己来处理好这件事情。结果证明，在降低头寸之前就公开业绩是一个错误策略，亏损还在持续扩大。

当季度数据于5月份出炉时，蒙特利尔银行的大宗商品交易账户上，亏损已增加至6.8亿美元，相当于其年度总利润的12%左右。新总裁比尔·道恩咬着牙宣布了加拿大银行史上最大的交易亏损，并将其归因于市场流动性枯竭，波动性不足。他的理由没有错，但市场参与者却并不买账。分析师提出了一些尖锐的问题，就银行的业务战略和风控能力提出了质疑。负责大宗商品交易的执行董事鲍勃·摩尔（Bob Moore）和大卫·李因此事被开除，大卫·李还被罚款50万美元，并禁止再涉足银行业务。而这次丑闻导致蒙特利尔银行总共亏损了约8.5亿美元。

关键内容

- 2007年，在不凋花对冲基金破产半年之后，另一桩天然气交易丑闻再次震惊了大宗商品市场。

- 大卫·李是蒙特利尔银行的明星交易员。由于史上最大的飓风对能源生产造成了破坏，天然气价格创下了15美元/百万英热的历史新高，而后开始下跌。大卫·李及其交易团队将注押在了天然气价格的反弹上。

- 然而，天然气价格却持续走跌，甚至一度跌至4美元/百万英热下方。大卫·李在Optionable公司的掩护之下，隐瞒了3.5亿至4.5亿美元的亏损。

- 一年前，大卫·李刚刚创下了利润纪录；一年后，他的能源交易就爆仓了，这起交易丑闻共造成了8亿多美元的亏损。

第二十九章

铂金：南非电荒

2008年

非洲最大的供电商——南非国家电力公司（Eskom）持续出现电力供应短缺，导致南非主要矿业公司的生产受限，铂金的价格也随之出现了暴涨。

南非至少需要40个以上的新煤矿，才能解决长期供电短缺的问题。

——布莱恩·达姆斯（Brian Dames），南非国家电力公司

恢复国家能源安全是绝对必要的。

——西里尔·拉马福萨（Cyril Ramaphosa），2019年南非总统

作为2010年世界杯足球赛的东道主，南非在大赛开幕的两年前，经历了史上最严重的供电短缺。2008年春天，南非政府宣布，国家进入能源供应紧张状态。非洲最大的供电商——南非国家电力公司由于产能远远低于需求，已连续数周每天拉闸限电好几个小时。南非经济连续20年实现了快速增长，自1994年废除了种族隔离制度以来，国内电力需求增长了50%。但是南非政府和国家电力公司却没有及时提高电力产能，尽管国电公司曾多次反映，应该对发电厂进行大修，同时建造新的发电厂，政府却对此置若罔闻。

南非国家电力公司对矿业公司实施了拉闸限电。

由于电力供应短缺，国电公司只得采取限电措施，根据不同时间段和地区，对电力供应进行分配，导致每天都会有2—3小时的停电时间。受限电影响最大的地区当属约翰内斯堡和豪登，也就是南非的黄金和铂金生产中心。在矿业公司的能源需求中，半数用于维持设备的基本运转，停电意味着无法及时将水从矿井里抽出来，而如果在几千米深的矿井下出现氧气不足，是非常危险的。限电对实际生产的影响甚至更大。据矿工工会反馈，矿业公司已经遣散了数万名矿工回家待业，或安排他们参加培训。到了2008年1月底，情况愈发严重了。南非国家电力公司经营着全球最大的燃煤电厂——肯德尔电厂（Kendal power plant），可是库存的煤炭全都被雨水浸泡了。至此，国际贵金属价格出现了异动。

铂金和钯金

铂族金属（PGMs）主要包括铂、钯、铑、铱、锇和钌，其中最具经济价值的是铂金和钯金，其交易主要受伦敦铂钯市场（London Platinum and Palladium Market, LPPM）监管。在铂金生产国中，南非和俄罗斯两国

的产量占全球总产量的90%左右，其次是加拿大、美国和津巴布韦。主要铂金生产商包括英美资源集团（Amplats）、英帕拉铂金公司（Implats）、南非的隆明公司和俄罗斯诺里尔斯克镍公司。近年来，斯班一公司（Sibanye）通过接管与并购，也逐渐成长为一个新的市场参与者。

铂金的主要用途是制作催化剂（50%）和珠宝（25%），而钯金除了这些用途之外，还可用于制作牙科用品和电子产品。这两种金属的价格，主要取决于俄罗斯和南非的产量、俄罗斯的库存量以及全球经济增长率。

自19世纪末以来，南非一直是全球黄金的生产中心，虽然在过去的30年中，其产量已经下滑到了第八名。但在铂金生产方面，南非仍然占据着主导地位，全球约80%的铂金产自南非。其中，大部分都产自布什维尔德杂岩体（Bushveld complex）。任何来自南非的坏消息，都会对铂金的价格产生影响。

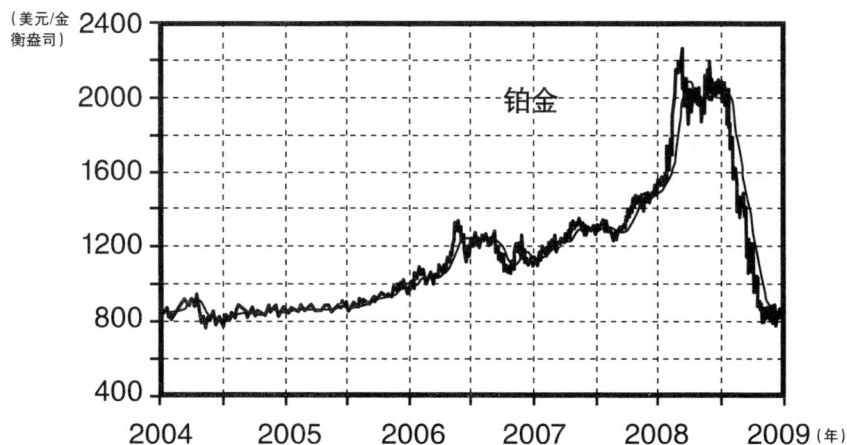

图26：2004—2009年铂金价格走势

数据来源：彭博社，2019年。

自2005年中期以来，铂金价格一直在稳步上升，到了2007年底和2008年初，价格涨势越发明显。全球汽车催化剂领军企业庄信万丰（Johnson Matthey）作为铂金的最大消费者，七年来首次预测2008年全年铂金的出货量将持续减少。

2008年1月底，南非三大黄金生产商和最大的铂金生产商共同宣布，所有矿区都将减产。消息一出，立刻刺激了贵金属价格的暴涨。拥有40%市场份额的英美资源集团预计每日减产9,000金衡盎司。排名第二的英帕拉铂金公司每日减产约3,500金衡盎司。总的来说，2008年南非铂金生产商全年将减产50万金衡盎司。

截至2008年3月，铂金价格已经涨到了2,200美元/金衡盎司上方。

除黄金之外，铂金价格的隔夜暴涨了近100美元/金衡盎司，涨到了1,700多美元。2008年3月初，铂金的收盘价攀升到了2,250美元/金衡盎司的阶段高点。

南非国家电力公司开始逐步恢复供电，不过，工业生产仍然只能以90%的产能运行。国电公司预测，电力供应短缺的问题至少将持续到2020年。

而长年的管理不善和贪腐问题还在继续。2019年2月，供电情况再度恶化。在开普敦矿业会议期间，继雅各布·祖玛（Jacob Zuma）之后上任的南非总统西里尔·拉马福萨称，"南非国家电力公司太大太重要了，绝不能破产"。除了燃煤电厂的老化问题，国电公司还背负着300多亿美元的债务，政府针对电力短缺出台救助方案，工业用电涨价15%，都是有可能在2019年采取的对策。同时，铂金价格的新一轮上涨，也将从800美元/金衡盎司开始。

关键内容

· 2008年，南非遭遇了几十年来最严重的电力供应短缺。南非政府宣布，国家进入能源供应紧张状态。南非国家电力公司作为南非乃至非洲最大的电力供应商，不得不每天拉闸限电好几个小时。

· 尽管南非开采黄金的鼎盛时代已经过去，但它仍然是铂族金属的主要生产国，其产量约占全球产量的80%。

· 2008年1月底，由于持续限电，南非三个最大的黄金生产商和最大的铂金生产商都纷纷开始减产。

· 减产的消息加速了铂金价格的上涨。自2005年中期以来，铂金价格稳步上升，已经达到了1,000美元/金衡盎司。截至2008年3月，铂金价格涨到了2,200美元/金衡盎司以上，创历史新高。

第三十章

大米：泰国米神

2008年

泰国"米神"维猜·斯里普瑞舍特（Vichai Sriprasert）预测：2007年大米价格将从300美元/吨涨到1,000美元/吨。人们对此嗤之以鼻。然而，一系列风险事件带来了连锁反应，影响了亚洲的粮食收成。"纳尔吉斯"强气旋风暴的到来，更让这场灾难达到了顶点。

举国囤粮对市场而言真的没有半点帮助。

——罗伯特·齐格勒（Robert Zeigler），国际大米研究所

泰国是全球最大的大米出口国，在大米国际贸易中起决定性作用。65岁的维猜·斯里普瑞舍特（Vichai Sriprasert）是泰国最大的大米出口商之一，被誉为"米神"。多年来，斯里普瑞舍特深入研究了大米的供需与价格之间的关系，这些经验让他赚到了很多钱，还成为泰国米商出口公会的荣誉主席。

2007年，斯里普瑞舍特预测，大米价格将会上涨，并有可能在2008年超过1,000美元/吨。一开始，人们对这种说法嗤之以鼻，因为当时泰国大米出口价格才300美元/吨左右。然而，随着石油价格出现快速上涨，小麦和玉米价格也开始大幅上涨。嘲笑的声音停止了，2008年春天，大米价格真的突破了斯里普瑞舍特预测的1,000美元大关，并且继续保持涨势。对于斯里普瑞舍特而言，这种情况似曾相识。在20世纪70年代石油危机期间，大米也曾经涨到了约2,700美元/吨。

大米市场现状

根据联合国粮农业组织（FAO）的数据，大米与玉米、小麦一样，都是世界上种植最广泛的谷物之一，年产量约为6.5亿吨。大米的主要生产国包括中国、印度、印度尼西亚、孟加拉国、越南和泰国。由于水稻的种植离不开水，每收获1千克大米，需要灌溉3,000到5,000升的水。一方面，这种栽培方式有利于降低虫害，减少杂草；另一方面，一旦遇到干旱天气，就会导致粮食严重歉收。

虽然大米对民生至关重要，但是大米期货规模却并不大，与小麦和玉米相比，市场流动性相对较差。大米主要的交易场所在美国的芝加哥期货交易所，交易单位为"美分/美担"（1美担等于100磅或45.359千克），一手合约为2,000美担大米。

事情的经过是怎样的？2007年，在原油价格上涨的推动之下，许多农产品的价格也开始大幅上涨，出现了所谓的"农业通胀"。据联合国粮农组织统计，食品价格指数在短短一年内（2007年3月到2008年3月）上涨了57%。小麦和大豆的价格翻了两倍，玉米价格自2007年秋季以来上涨了66%。

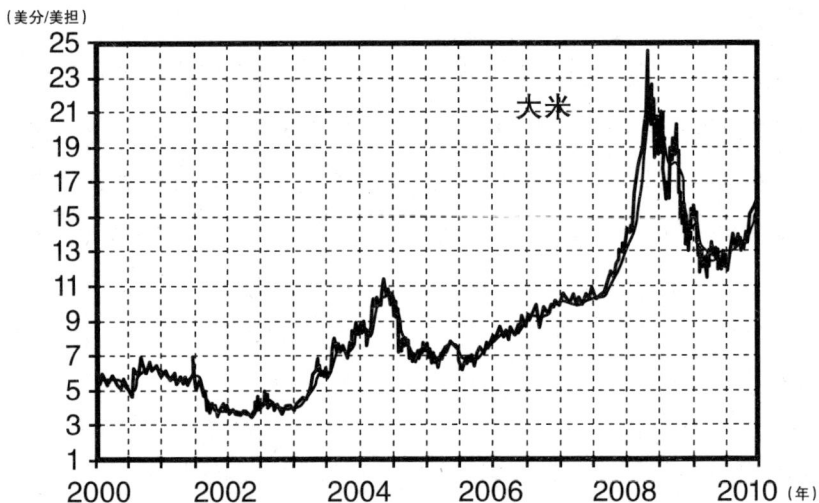

图27：2000—2010年大米价格走势，芝加哥期货交易所

数据来源：彭博社，2019年。

然而，大米价格仍然远远高于其他农产品，并且在2008年春季迎来了一波上涨。从2007年6月到2008年4月，大米价格上涨了约75%，在亚洲的涨幅甚至更高，从400美元/吨涨到了1,000美元/吨以上。

大米价格的飙升产生了广泛影响。大米是全球约30亿人的主食，在许多国家，家庭收入的半数都用在了吃上。大米价格的上涨威胁到了一些国家的政治稳定，并在世界范围内引起了严重动乱。在海地，一些人甚至在抗议活动中丧生。在埃及、布基纳法索、喀麦隆、印度尼西亚、科特迪瓦、毛里塔尼亚、莫桑比克和塞内加尔也都不乏相关报道。

为什么会这样呢？大米市场普遍存在着结构性亏损与全球约6.5亿吨的年产量相比，每年在国际市场上交易的大米平均数量仅为3,000万吨左右，比例相当之低。这使得大米的全球价格极易受到供求关系短期波动的影响。城镇化发展、人口统计学、对替代能源的需求以及天气条件都是影响大米价格的因素。在一定程度上，这些因素也会影响其他农产品的价格。

例如，随着亚洲城镇化发展的加快，越来越多的农业耕地遭到了破坏。亚洲经济的繁荣也带来了肉类消费的上升，从而增加了喂养牲畜所需的粮食饲料。在过去30年里，仅中国的肉类消费就上升了约150%。此外，亚洲的稻田还得养活每年约8,000万的本地新生儿。石油价格的高企以及生物燃料需求的增加，也间接推高了大米价格，因为许多米农为了赚钱，转而种植更赚钱的玉米、小麦和油菜籽。

2007—2008年，由于天气原因，一些国家的大米收成遭受了重大损失。一年之内，低气压和洪水摧毁了2,000多万公顷稻田，相当于泰国耕地面积的两倍。孟加拉国也是主要的大米出口国。2007年，受洪水和热态风暴"锡德"（Sidr）的影响，孟加拉国水稻几乎颗粒无收。越南的大米收成受虫害和疾病的影响，出现了严重减产。于是，大米价格持续上涨，市场情况每况愈下。

全球大米交易量仅为3,000万吨，与全球6.5亿吨的总产量相比非常之少。在恐慌性购买行为和出口受限的双重影响下，多米诺骨牌效应逐步显现。在亚洲，大米供应持续紧张，越南和印度等大米出口国纷纷开始限制大米出口；印度放缓出口是为了稳定国内大米的价格；其他大米出口国，如中国、埃及和柬埔寨也先后采取了出口配额和提高关税等措施。中国出于对国内大米供应的担心，发布了暂停大米出口的通知。而在泰国，农民、商人和碾米厂也都纷纷开始囤积大米。

在亚洲，大米囤货行为和出口限制使得本就紧张的大米供应雪上加霜。

到处都出现了恐慌性购买，甚至连美国的沃尔玛超市也开始对顾客限量供应大米。世界上最大的大米进口国菲律宾宣布将加大采购力度，以防继续出现大米供应短缺。孟加拉国、印度尼西亚和伊朗等大米进口国也受到了波及。接着，5月3日晚上，灾难来临了。

"纳尔吉斯"强气旋风暴（Cyclone Nargis）袭击了缅甸的沿海地区，在即将到来的收获季之前，摧毁了大米的主要产地，十万人在灾难中丧生。大米价格再次飙升，饥饿带来的饥荒和动乱风险不断上升。随着大米价格翻了两番，许多地区都爆发了动乱。除了供应紧张和恶劣天气等因素之外，限制出口和恐慌性囤货也人为地造成了短缺，让局面更加糟糕。就连斯里普瑞舍特也未曾料到，情况会发展到如此严重的地步。

到了2008年5月，大米供应有所缓解。巴基斯坦作为最大的大米生产国之一，放松了出口限制，印度的大米产量也比预期增加了200多万吨。但是，大米市场的结构性问题仍然存在，而且鉴于大米的国际市场规模相对较小，预计未来亚洲供应短缺的问题仍将反复。

关键内容

· 2007年初，泰国"米神"维猜·斯里普瑞舍特预测，大米价格将大幅上涨，这在当时是一个非常荒唐的说法。

· 然而，2007年下半年，原油价格的上涨刺激了"农业通胀"，许多农产品的价格都开始快速上涨。大米市场的情况尤其严峻。

· 从2007年6月到2008年4月，亚洲的大米价格从400美元/吨涨到了1,000美元/吨以上。恐慌性囤货和出口限制使本就紧张的大米供应雪上加霜。

· "纳尔吉斯"强气旋风暴袭击了缅甸，使该国大米颗粒无收，造成了十万人死亡。

· 大米的价格翻了四倍，许多地区爆发了动乱，连"米神"都始料未及。

第三十一章

小麦：做空之祸

2008年

小麦价格连创新高。2008年2月，交易员埃文·杜利（Evan Dooley）拿10亿美元的资金做空小麦，结果因判断失误而酿成大祸，令他的东家全球曼氏金融亏损了1.4亿美元。

我完全不知道，钱都去了哪里。

——乔恩·科尔津（Jon Corzine），全球曼氏金融总裁继魔鬼交易员杰罗姆·科维尔（Jérôme Kerviel）违规购买欧洲股指期货，令其东家法国兴业银行（Société Générale）蒙受近50亿美元亏损还不到一个月，另一名交易员也给自己的东家闯下了大祸。

这次出问题的是小麦期货。2008年2月底，全球最大的期货和期权经纪公司之一全球曼氏金融（MF Global）不得不披露，在田纳西州的孟菲斯，一名交易员用公司账户违规炒作小麦期货，在几小时之内亏损了约1.4亿美元。

2007年，全球曼氏金融从曼恩金融集团（Man Financial Group）拆分出来，主要从事交易清算和执行业务，致力于成为高盛和摩根大通那样的知名金融机构。其总裁乔恩·科尔津不仅是高盛集团的前主席，还曾当过新泽西州州长。虽然在华尔街曼氏金融没什么名气，但是在芝加哥商品交易所（CME），它还是拥有一席之地的，掌握着300万手期货和期权合约，合约金额超过1,000亿美元，其客户交易量几乎占到了芝加哥商品交易所总交易量的30%。

小麦期货

小麦是仅次于玉米的全球第二大农产品，在世界各地的商品期货交易所均可交易。在芝加哥期货交易所（CBOT），小麦的交易代码是W加上合约交割月份。例如，WZ0代表2020年12月交割的小麦期货，一手期货合约为5,000蒲式耳小麦。

2007年11月，美国小麦期货的价格为7.50美元/蒲式耳。到了2008年初，小麦已经涨到了8美元/蒲式耳上方。供应紧张是价格上涨的部分原因，而投机资本和美元疲软，也起到了推波助澜的作用。几天之内，小麦价格就接连突破了9美元/蒲式耳和10美元/蒲式耳。到了2月底，情况彻底失控了。2月27日，即将到期的小麦合约单日波幅竟然达到了25%。小麦价格高开低走，到中午时，已经跌到了10.80美元/蒲式耳。

交易员埃文·杜利判断小麦价格将会下跌，并建立了200万吨的空头头寸。

但下午时，小麦价格又重拾升势，涨到了13.50美元/蒲式耳。作为最大的小麦出口国之一，哈萨克斯坦打算通过加收关税，限制小麦出口。这条消息刺激了小麦的上涨，创下了小麦期货单日最大波动。

然而，关于价格波动，还有另一种解释。埃文·杜利从2005年11月起在曼氏金融当交易员。2008年2月27日早盘，40岁的杜利用自己的账户，违规建立了大量的小麦空头头寸，交易规模远远超出了他的权限范围。

杜利是在赌小麦价格会下跌。据说，他卖出了15,000手左右的合约，相当于200万吨小麦。这笔头寸的金额在8亿到10亿美元之间。然而，由于小麦价格继续大幅上涨，曼氏金融被迫止损平仓，也就是继续买进小麦合约。小麦本身就处于涨势之中，此举更推动了价格飞涨，涨到了几年之内再难企及的高度。

图28：2007—2008年小麦价格走势，芝加哥期货交易所

数据来源：彭博社，2019年。

曼氏金融的股价当天就下跌了25%以上。这笔交易造成了约1.4亿美元的损失，约等于公司上季度亏损的四倍。出于对损失程度的担忧，曼氏金融承诺，将进一步加强内控合规和风险管理。事发之后，杜利被立即解雇了。由于对交易员缺乏监管，曼氏金融被罚了1,000万美元。杜利被判在联邦监狱服刑五年，并须赔偿1.4亿美元。

另外，曼氏金融在2011年也倒闭了。当时，公司公布的季度亏损达到了1.92亿美元。客户资金后来也不翼而飞，成为一个巨大的丑闻。不过，曼氏金融的资产规模只有400多亿美元，在美国金融机构破产的历史上排名第八。与2008年雷曼兄弟破产时高达6,910亿美元的资产规模相比，只能算是小巫见大巫。监管者们本身就在极力证明，并非所有华尔街公司都是"大而不倒"的。所以，曼氏金融的破产，正是他们乐于看到的结果。

关键内容

- 继魔鬼交易员杰罗姆·科维尔违规购买欧洲股指期货还不到一个月，另一名交易员又给自己的东家闯下了大祸：全球曼氏金融的交易员埃文·杜利判断小麦价格将会下跌，拿了10亿美元的资金做空小麦。

- 小麦价格不断攀升，从2007年底的7.5美元/蒲式耳涨到了2008年1月的10美元/蒲式耳上方。

- 2008年2月27日，芝加哥的小麦交易价格单日波动了25%，先跌到了10.80美元/蒲式耳，而后在午盘又涨到了13.50美元/蒲式耳。在几个小时内，曼氏金融的亏损达到了约1.4亿美元。

第三十二章

原油：WTI期货升水

2009年

西得克萨斯中质原油（WTI）价格暴跌，令全世界的大宗商品交易商忧心忡忡。俄克拉何马州的一个万人小镇成为世界关注的焦点。随着"超级期货升水"概念的诞生，投行纷纷开始布局油轮业务。

在超级期货升水的状态下，某种商品的期货价格大幅高于现货价格，其升水程度，无法用普通期货升水的常用理由加以解释，比如利息或存储成本等。

——Moneyterms.co.uk

　　库欣（Cushing）是俄克拉何马州的一个小镇，人口不足一万人。这里有一家沃尔玛超市，一些快餐店，还有不少加油站。只有巨大的油罐、管道和炼油厂在暗示这个小镇的不同寻常。小镇南部有全美最大的战略原油储存综合体，储存容量为3,500万桶。

　　2009年初，库欣小镇被指定为美国西得克萨斯中质原油（WTI）的唯一交割地点，成为全球关注的焦点。WTI是美国原油定价的基准指标。在原油市场上，建设储存设施的时代已然到来，而且规模巨大。

原油期货

　　原油分为多个品种，其类型和质量各不相同，市场参与者在进行原油交易时，默认会参考不同地区的原油基准价格。在纽约商业交易所（NYMEX），人们参考的是西得克萨斯中质原油（WTI）；在伦敦洲际交易所（ICE），人们参考的是北海布伦特原油（North Sea Brent）；在新加坡，亚洲人参考的是塔皮斯原油（Tapis）。此外，欧佩克一揽子加权平均价格（OPEC basket price）计算了七种不同类型原油的均价：撒哈拉混合原油（阿尔及利亚）、米纳斯原油（印度尼西亚）、邦尼轻质原油（尼日利亚）、阿拉伯轻质油（沙特阿拉伯）、迪拜原油（阿联酋）、蒂朱纳轻油（委内瑞拉）和依斯莫斯轻油（墨西哥）。在原油期货市场上，WTI原油和布伦特原油是主要参考基价，一手原油合约为1000桶，交易代码为CL（WTI）和CO（布伦特），再加上相应的合约月份。例如，Z9是指在2019年12月交割的原油合约。

　　金融危机爆发之后，经济前景一片暗淡。2008年下半年，原油价格持续承压，仅在夏天时短暂停留于145美元/桶上方，后持续走跌，直至45美元/桶以下。而投资者撤资（去杠杆化）也对油价下跌起到了重要作用，其影响是不言而喻的。通过分析不难发现，目前投资者经常投资的短期原油合约所受到的影响要比长期合约更大。

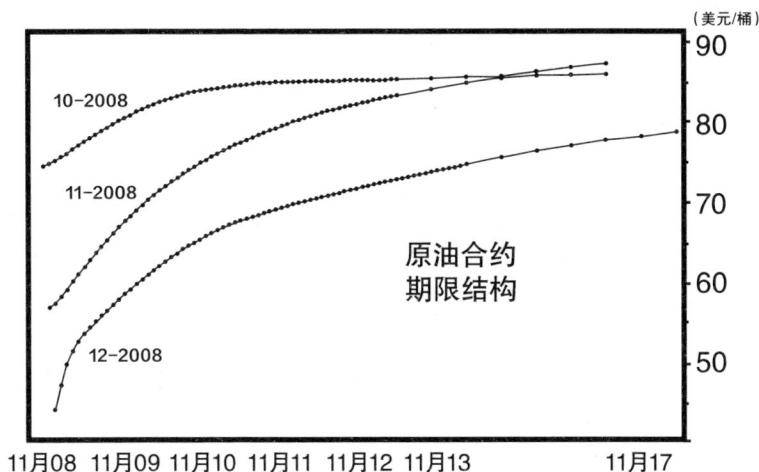

图29：2008年WTI原油期限结构

数据来源：彭博社，2019年。

　　期货合约的期限结构，是通过跟踪原油期货价格的多年走势得出的。2008年夏天，期限结构走势平缓。可从那时起，WTI原油期货升水的趋势就开始日益明显。期货升水指的是现货价格低于期货价格的状态。导致期货升水的原因可能是仓储成本，例如保险费和利息，不过，供求关系的影响要比这些因素的影响更大。

　　2008年10月到12月之间，期货升水的情况变得越发极端。由于WTI原油现货价格下跌，2009年1月期货合约价格与12月期货合约价格之间的价差（点差）超过了20美元，创下了历史最大价差纪录。大宗商品的交易员们将这种情况称作"超级期货升水"（super-contango）。分析师表示，WIT原油价格的扭曲程度相当"荒唐"，与布伦特等其他原油基准价格完全脱钩。"作为国际原油市场的晴雨表，WIT原油就像巧克力色的烤箱手套一样必不可少"，英国巴克莱银行（Barclays）的一名大宗商品分析师如此形容道。那么是什么导致了这种情况？更重要的是，它会带来怎样的影响？

　　库欣小镇再次成为全世界关注的焦点。这里是全球原油的"管道枢纽"，也是WTI原油的唯一来源。期货升水对原油库存是利好消息，因为原油可以按更高的远期价格出售，而不必按较低的现货价格出售。唯一的问题在于，原油供应商需要有足够多的储存设施。在库欣小镇，由于期货升水越演越烈，原油的储存水平也越来越高。

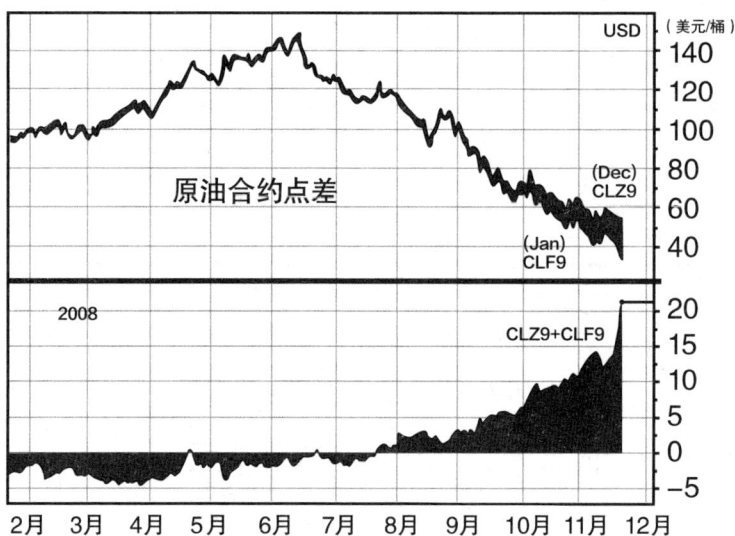

图30：2009年1月原油合约（CLF9）与12月合约（CLZ9）的点差

数据来源：彭博社，2019年。

1月，原油库存超过了3300万桶（1桶等于159升），剩余存储容量就像冰块在阳光下融化了一样，消失殆尽。"超级期货升水"导致了"超级囤货"，因为每一个没有足够库存容量的原油供应商，在别无选择时，都只有不计成本抛售这一条路。当价格见底时，美国原油的成交价还不到35美元/桶。

在"超级期货升水"时，WTI原油的即期价格低至35美元/桶，而远期合约的价格则保持在50美元/桶以上。

"超级期货升水"究竟体现了经济发展放缓导致的即期原油供应过剩，还是指数和对冲基金对远期合约撤资的结果，确实难以判断。不论如何，原油远期曲线的陡峭程度还在持续上升。

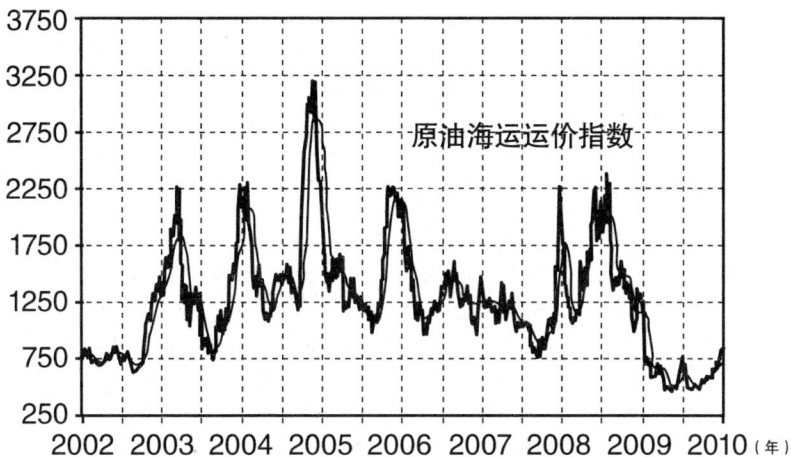

图31：2002—2010年原油海运运价指数（BDTI）

数据来源：彭博社，2019年。

除了价差之外，还有一个因素也让这次事件不同寻常。在经济发展放缓和信贷紧缩的影响下，国际运费严重承压。2009年初的原油运费较2008年夏天时的高点大幅下调了85%左右。

超级期货升水，加上低廉的运费，
为投行的原油业务提供了丰厚利润。

2009年初，原油1月合约价格与12月份合约价格之间的价差一度超过30%。超级期货升水，加上低廉的油轮运费，不仅为原油交易员打开了一片新天地，也为投行提供了一次投资良机。要知道，原油是可以储存在公海油轮上的。

在库存充足的情况下，如果你能以55美元的远期价格，毫无风险地卖出原油，那么以低于40美元的价格出售现货原油，就显得没有任何意义了。2009年1月合约价格比12月合约价格低20美元，而1月时，用油轮储存原油的成本平均每桶才90美分左右。如果运输、保险和融资都不出问题，石油公司和交易商就能从中获得巨大的利润。

油轮介绍

　　波罗的海交易所（Baltic Exchange）是由船舶经纪人、船东和租客组成的全球航运市场。在这里，各种与货物类型、运输尺寸和航运路线相关的指标，提供了运价的重要概况。波罗的海成品油海运运价指数（Baltic Clean Tanker Index）关注的是运输清洁货物的油轮运价，如各类成品油（汽油、柴油、燃料油或煤油）；原油海运运价指数（Baltic Dirty Tanker Index）关注的是运输原油等货物的油轮运价。2009年，由于经济发展放缓，加上国际金融危机期间的信贷紧缩，波罗的海干散货指数（Baltic Dry Index）较2008年夏天下降了94%，该指数关注的是运输散装的货船运价。相比之下，油轮运价下降了85%，降幅略窄。

　　租赁期介于三到九个月的油轮尤其受欢迎。

　　2009年2月，全球最大的超级油轮船东前线公司（Frontline）报告称，有25艘油轮已被租用，另有十艘油轮仍在公开询价中。装载量低于200万桶的油轮不在统计范围之内。但据业内专家估计，当时海上运输的原油多达8,000万桶，是库欣小镇官方储存容量的两倍以上。由于有利可图，油轮业务又拓展出新的维度，油轮的新客户不再是英国石油公司或埃克森美孚等能源巨头，而是美林证券、摩根士丹利、高盛、花旗银行、巴克莱银行和德意志银行等国际投行。

　　世界各地的船舶经纪人都对油轮储存的咨询之多感到惊讶。毕竟，35艘超级油轮的储存量已占全球原油船运量的10%。随着需求的增加，油轮运费从低位略有反弹。然而，尽管经济基本面有所改善，海上漂着的原油库存阻止了油价在年内出现较大涨幅。继原油价格在短短1年内下跌了近75%之后，这些漂在海上的原油库存带来了供应过剩，让市场难归平静。2008年，据国际能源署（IEA）报告，自1983年以来，石油需求首次出现了下降。

关键内容

- 美国俄克拉何马州的库欣小镇，是全球WTI原油的"管道枢纽"，也是WTI原油的唯一交割地点。WTI是最重要的原油基准价格之一。

- 2008年夏天，原油成交价格在145美元以上，而后暴跌至45美元以下。WTI原油从现货升水转向期货升水，且越演越烈，一场"超级期货升水"就此诞生。

- 在经济危机的影响下，海运运价大幅下降，"超级期货升水"为投行带来了有利可图的投资机会。投行可以以低价购入现货石油，用超级油轮中进行储存，并通过期货高价出售，从而锁定收益。

- "超级期货升水"导致原油供应出现大规模过剩，这样的情况持续了多年。

第三十三章

糖：季风何日来

2010年

一场大旱严重影响了印度的食糖产量，让全球最大食糖消费国变成了最大净进口国。而全球最大食糖出口国巴西，也同样面临着自己的问题。在两种因素共同影响下，国际糖价涨到了28年以来的历史最高点。

孔雀没有跳舞，天就不会下雨。

——P. K. 杜贝（P. K. Dubey），电影《季风婚宴》（2001年）

2009年6月，印度遭遇了80多年来最干旱的夏季，而且旱情迟迟没有结束。8月第一周时，降雨量只有正常年份的三分之一。在印度北部的主要农业地区，厄尔尼诺现象几乎让季风销声匿迹。而在以往，印度次大陆上的季风通常会从6月初持续到9月底。

厄尔尼诺现象导致的后果之一，就是农作物的严重歉收。不过，干旱和饥荒在印度是家常便饭。历史经验让印度准备了大量的粮食储存设施。根据美国农业部的数据，印度2009年储存了约2,000万吨的大米和约3,000万吨的小麦。但是，食糖的情况可就不容乐观了。

糖作物歉收非常严重，尤其是在北方邦（Uttar Pradesh）。印度原本是全球第二大食糖生产国，可由于粮食歉收，印度从食糖净出口国变成了净进口国。2008年，印度食糖产量超过了2,600万吨，而2009年的食糖消费量预计为2,200万吨。而到了8月，印度农业部连续多次下调了收成预估，从1,700万吨调降至1,500万吨。歉收的情况一直持续，直到2011年，印度当局的食糖收成预估才恢复到了2,500万吨。

糖！

在全球100多个食糖生产国中，几乎四分之三的食糖是用甘蔗制成的。这些国家主要集中在热带和亚热带地区。欧盟和俄罗斯主要种植甜菜。作为全球最大的食糖生产国和出口国，巴西的产量约占全球总产量的16%，其次是印度（14%）、中国（6%）和美国（5%）。在巴西，一半以上的甘蔗用于燃料（乙醇）加工。

食糖可在多个期货交易所进行交易，分为不同交易品种。流动性最高的是纽约期货交易所（NYBOT）的11号糖（交易代码SB），单位为"美分/磅"，一手合约为50吨糖（11.2万磅）。和小麦、玉米和大豆相比，糖是流动性最高的农产品期货。

2008年，全球糖交易量约为4,500万吨，相当于全球产量的三分之一左右，而剩余三分之二则用于生产国的国内消费，不参与全球贸易。如果考虑到出口配额和贸易协定等贸易壁垒，全世界仅有约25%的糖可以进入国际贸易市场，其中约40%来自巴西。巴西的糖产量自20世纪90年代初以来增长了3倍。

印度和巴西的恶劣天气导致了糖价的飙升。

与印度一样，巴西在2009年也遭遇了恶劣天气。但不同的是，巴西的问题出在水灾，而非旱灾。

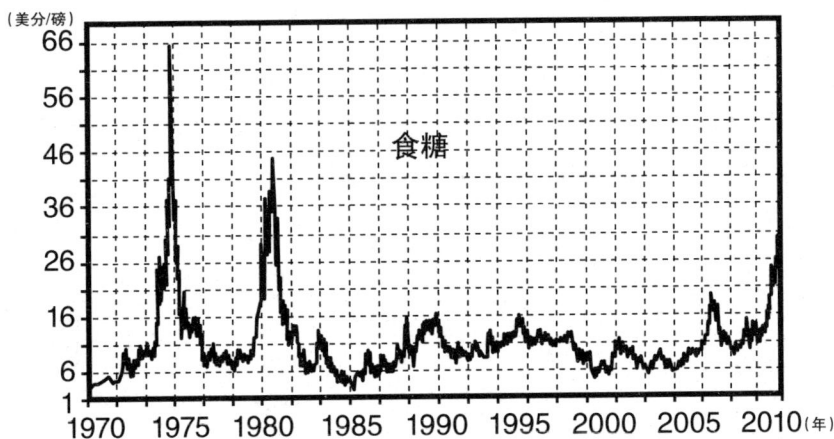

图32：1970—2010年糖价走势

数据来源：彭博社，2019年。

在过去的40年里，糖价一直在波动剧烈：从1967年1美分/磅的超低价格开始，在70年代中期暴涨到60多美分/磅，又在2004年跌至6美分/磅以下，创下了20多年以来的新低。

而到了2010年，全球再度出现了食糖抢购潮。印度大量进口，加上巴西因天气原因延迟交货，导致糖价创下了28年以来的新高。2010年1月29日，糖期货合约报收于29.90美分/磅，同比上涨了150%以上。2010年2月26日，3月合约到期。此后情况有所缓和。从巴西传来的利好消息，预示着最严重的食糖短缺已经过去。

关键内容

· 全球三大食糖生产国分别是巴西、印度和中国，而印度和中国生产的食糖主要用于内销。

· 2009年的夏天是印度80多年来最干旱的夏天。厄尔尼诺现象导致糖作物严重歉收，让印度变成了全球市场上的食糖净进口国。巴西也遭遇了恶劣天气，导致糖价在全球范围内飙升。

· 截至2010年1月底，糖价已经涨到了近30美分/磅，同比上涨了150%以上。与2004年低于6美分/磅的价格相比，糖价的涨幅达到了惊人的500%，创下了30年之最。

第三十四章

可可：巧克力手指

　　由于全球最大的可可出口国科特迪瓦的可可产量下降，国际大宗商品市场上的可可期货价格出现了上涨。2010年夏天，外号"巧克力手指"的可可交易员安东尼·华德押注10亿美元，做多可可期货。

　　他们当然是人。他们是奥柏伦柏人。

　　　　　　——威利·旺卡（Willy Wonka），电影《查理和巧克力工厂》

可可原产于中美洲和南美洲。玛雅人和阿兹特克人认为，可可是神灵的礼物，因此是神圣的。当地人曾经把可可种子作为一种支付手段。在阿兹特克皇帝蒙特苏马二世（Aztec king Moctezuma Ⅱ）的国库中，西班牙征服者发现除了黄金之外，还有1,200多吨可可。这些都是税收所得，也是巨大的货币储备。

今天，可可作为一种重要的经济作物，是许多发展中国家的出口商品，也是制作巧克力的主要原材料。德国是世界上人均巧克力消费量最高的国家之一，平均每人每年要吃掉9千克左右的巧克力。巧克力的生产成本取决于可可的含量、质量和加工时间。所以，在普通巧克力棒中，可可的价格只占到了生产成本的10%左右。

可可在纽约期货交易所（NYBOT）和伦敦国际金融期货交易所（LIFFE）进行交易，一手合约为10吨，单位分别为美元和英镑。

全球十大可可生产国的产量占全球总产量的90%以上，科特迪瓦占主导地位，在全球总产量中的占比超过三分之一。

2010年7月，伦敦有市场传言称，阿玛加洛对冲基金（Armajaro）买进了10亿美元的可可期货。据说，基金经理安东尼·华德（Anthony Ward）买进了24万吨的可可期货，试图操纵市场。其买进规模约为全球可可产量的7%，相当于买进了绝大多数的可交易可可。一些交易员认为，此举是在押注可可价格将因供货紧缺而持续上涨。而也有人认为，华德是在人为制造供应短缺，试图在一年的收获季节到来之前，通过大手笔买入操纵市场。

可可的产地

近年来，可可的主要种植区已从中美洲转移到非洲了。全球十大可可生产国占全球总产量的90%以上。其中，科特迪瓦是全球最大的可可供应国，市场份额超过33%。其次是印度尼西亚、加纳、尼日利亚、巴西和喀麦隆，但产量远低于科特迪瓦。可到了2010年，由于作物生产管理不善和病虫害，科特迪瓦的可可产量较前五年大幅下降了15%以上，2008—2009年的可可产量是这五年中最低的，仅为120万吨。市场参与者认为，2009—2010年，可可产量的下降趋势还将持续。

50岁的安东尼·华德是公认的可可交易天才，他操纵可可市场的企图吸引了众人的关注。但这并不是一个孤立事件，2002年，华德买进了20多万吨的可可期货合约，约占全球可可市场交易量的5%，还不算数额最大的可可交易。作为所罗门美邦国际（Salomon Smith Barney）的大宗商品交易部门，菲布罗公司（Phibro）的可可交易台曾在1997年买进30万吨可可的头寸。而当时可可交易台的负责人是谁呢？正是安东尼·华德。

自1979年以来，安东尼·华德一直是可可交易员和行业专家。2010年前几个月，华德通过交易推动可可价格上涨了20%以上。

1979年，安东尼·华德初次接触了茶叶、大米、可可和橡胶交易，并逐渐积累了丰富的交易经验。1998年，他与理查德·高尔（Richard Gower）共同创办了阿玛加洛对冲基金，刚开始专注于可可交易，后来交易品种逐渐扩大到咖啡及其他农产品。今天，阿玛加洛管理着15亿美元的资金，并在科特迪瓦、印度尼西亚和厄瓜多尔等国均设有分支机构，是全球市场上最大的可可供应商之一。2010年7月，华德大手笔买进可可期货。英国媒体将华德称为"威利·旺卡"（电影《查理与巧克力工厂》中的角色）和"巧克力手指"（电影《007之金手指》中的大反派）。

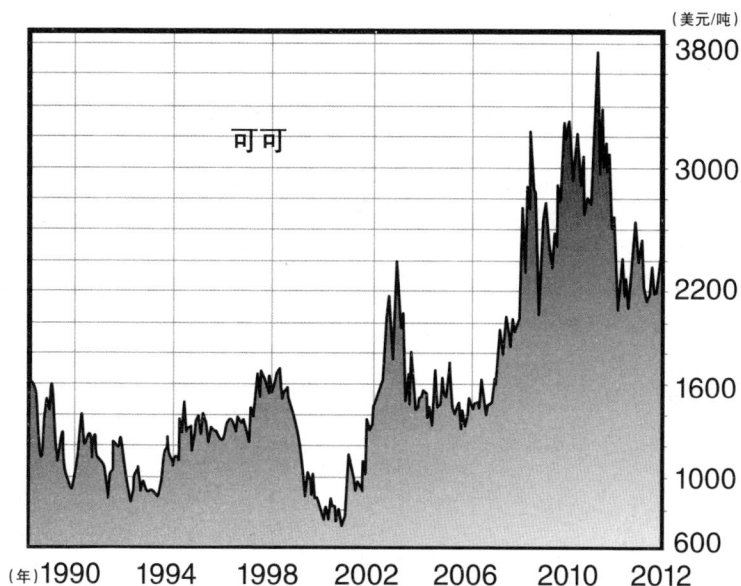

图33：1990—2012年可可价格走势

数据来源：彭博社，2019年。

2009年和2010年，由于可可需求增加，产量下降，加之对冲基金的投机交易，导致可可价格在两年半的时间内，暴涨了150%以上，创下了自1977年以来的新高。7月中旬时，一吨可可的价格已经超过了3,600美元。由于阿玛加洛对冲基金大举买进，可可的短期价格出现了上涨：2010年7月合约较12月合约溢价300美元。客户想要买进短期交割的期货，就不得不支付15%左右的溢价（现货升水）。

16家交易公司和贸易商行向纽约证券交易所（NYSE）和伦敦国际金融期货交易所（LIFFE）联名上书，投诉可可的市场价格被人操纵。然而，伦敦国际金融期货交易所却称，"未发现市场存在任何被操纵的迹象"。

关键内容

· 可可市场交易规模相对较小，且高度集中。科特迪瓦在全球可可生产中占主导地位，其市场份额超过了全球总产量的三分之一。全球十大可可生产国占全球总产量的90%以上。

· 2010年夏天，有市场传言称阿玛加洛对冲基金买进了10亿美元的可可期货。据说，外号"威利·旺卡"和"巧克力手指"的基金经理安东尼·华德大举买进了24万吨的可可期货，试图操纵市场。

· 与2009年初的价格水平相比，伦敦和纽约的可可价格上涨了150%以上，创1977年以来的新高。2010年7月，一吨可可的价格超过了3,600美元，与2002年相比增长了500%以上。"巧克力手指"的判断是正确的。

第三十五章

铜：刚果之王

刚果（金）的铜矿带拥有丰富的自然资源，有无数的暴君曾在这片土地上肆意掠夺资源。而今，欧亚自然资源公司也来到了非洲，来自哈萨克斯坦的寡头们并不介意与黑心商人或腐败的刚果政权做生意。

是西方人曾经剥削了非洲，而今，他们却要来拯救它。
我们在这种虚伪中生活了太长时间。非洲只能靠非洲人自己来拯救。

——约瑟夫·卡比拉（Joseph Kabila），刚果民主共和国总统

我们从刚果民主共和国买到了他们出售的铜矿。

——理查德·赛克斯爵士（Sir Richard Sykes），
哈萨克斯坦欧亚自然资源公司

2010年8月20日星期五，一则消息引起了伦敦投资人的高度关注。市值120亿美元、在伦敦上市的哈萨克斯坦矿业公司——欧亚自然资源公司（Eurasian Natural Resources Corporation，ENRC）收购了卡姆罗斯资源公司（Camrose）的大部分股份，而后者持有刚果科卢韦齐镇（Kolwezi）铜矿的开采许可证。这张能够带来巨大利润的许可证，原本属于加拿大第一量子矿业公司（First Quantum Minerals）。但是，刚果（金）政府在前不久吊销了这张许可证，这条爆炸性新闻引得市场一片哗然。

突然之间，在经历了长达几十年的战乱之后，刚果民主共和国再次成为媒体和国际采矿业关注的焦点。刚果（金）虽然是世界上最贫穷的国家之一，却拥有得天独厚的自然资源。非洲铜矿带从刚果的矿业大省加丹加（Katanga）一直延伸到赞比亚北部，铜储量约占世界总储量的10%。2010年，铜变得比以往任何时候都更加稀缺和昂贵，在经历了52周的低位震荡之后，铜价一路走高，光在2010年就涨了50%。在伦敦金属交易所（LME），铜的成交价首次突破了9,000美元/吨。

刚果（金）简介

刚果民主共和国［简称"刚果（金）"］原来叫扎伊尔，是非洲第三大国家，仅次于苏丹和阿尔及利亚。其邻国包括（前法属）刚果共和国、中非共和国、苏丹、乌干达、卢旺达、布隆迪、赞比亚、坦桑尼亚和安哥拉。与刚果（金）相比，这些国家要小得多。刚果（金）拥有丰富的自然资源，如钴、钻石、铜、黄金及其他稀有矿物。而这里也是"资源诅咒论"的典型体现：国内7,000万居民过着全世界最贫穷的生活，只有津巴布韦的人均国内生产总值比这里更低。

科卢韦齐镇附近的卡莫托铜矿（Kamoto）位于刚果（金）采矿区的中心。据说，该矿的铜储量为300多万吨，钴储量为30多万吨。按市价计算，该铜矿的价值超过300亿美元。在开采阶段，国内矿业巨头刚果（金）国家矿业公司（Gécamines，曾经是非洲最大的公司）的挖掘机每天从这里运出约1万吨矿石。1990年9月，该矿的中心部分发生了垮塌，不少矿工被埋，开采工作也陷入了停滞。在蒙博托的独裁统治下，铜矿的再投资并未受到重视，最大的矿井运转情况越来越差。20世纪90年代末，刚果（金）国家矿业公司将该铜矿的大部分项目卖给了其他国际矿业公司。

从2007年开始，刚果（金）政府为了加强国家对采矿业的管控和所有权，对60多个采矿国际合作协议进行了审查。从那时起，采矿许可证的重新审批就成为各种冲突的来源。

刚果（金）政府的目标是，在未来所有的采矿项目中，政府至少要拥有35%的所有权。此外，最新规定还要求，签约费为项目金额的1%，许可费为总收入的2.5%。此外，铜矿还必须在两年之内投产。

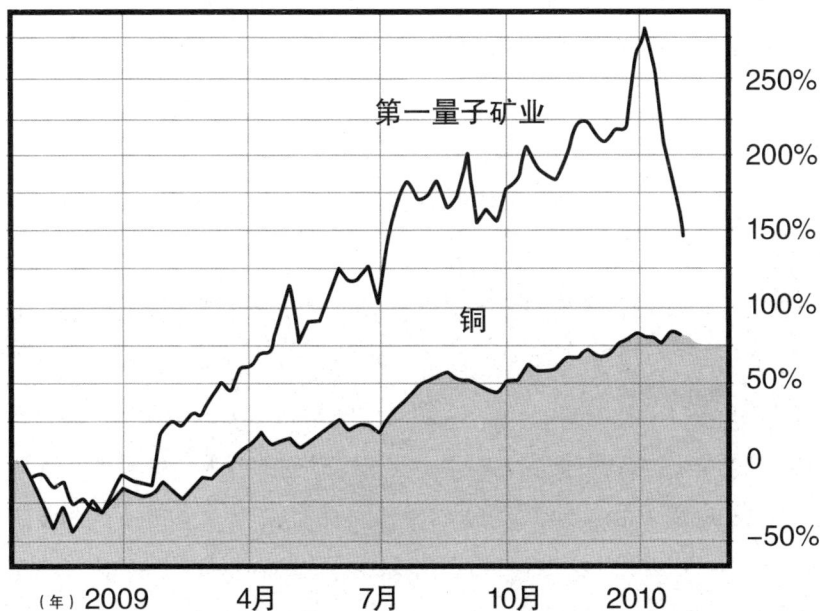

图34：2009—2010年铜价和第一量子矿业公司股价走势

数据来源：彭博社，2019年。

> **非洲铜矿带位于刚果民主共和国和赞比亚之间，**
> **其矿藏价值超过了非洲GDP总值的一半。**

2009年8月，刚果（金）政府在长达两年半的行政审批之后，吊销了加拿大第一量子矿业公司开采科卢韦齐镇铜矿的许可证。政府指责第一量子公司违反了2002年的采矿条例，可第一量子公司却对这种说法予以否认。双方的争议之一在于，刚果（金）国家矿业公司要求在付出零成本的前提下，增加12.5%的铜矿份额。

当前形势对于这家加拿大矿业公司极为不利，因为它已经投入了7亿多美元，对科卢韦齐镇铜矿进行了扩建。此外，在第一量子公司与卡比拉政府谈判失败后，刚果（金）最高法院吊销了其在弗朗蒂尔铜矿（Frontier）和隆希铜矿（Lonshi）的许可证，并交由刚果（金）的国有工业矿业公司（SODIMICO）负责开采。这是对第一量子公司的又另一次沉重打击。

三个老滑头

刚果（金）加丹加省丰富的自然资源，引发了非洲大陆三个老滑头之间的权力争斗。他们分别是：乔治·福雷斯特（George Forrest）、比利·劳滕巴赫（Billy Rautenbach）和丹·格特勒（Dan Gertler）。67岁的福雷斯特是福雷斯特集团（Forrest Group）的掌门人。他出生在刚果（金），是刚果（金）采矿业的老行家。2004年初，刚果（金）战争刚刚结束几个月，他就和金罗斯黄金公司（Kinross Gold）一起，与政府就卡莫托铜矿公司（后来的加丹加矿业公司）达成了合资协议。

劳滕巴赫是非洲南部最大的运输公司非洲之轮（Wheels of Africa）的创始人，也是津巴布韦总统罗伯特·穆加贝（Robert Mugabe）的朋友。他想通过英国的中非矿业公司（Central African Mining and Exploration

Company），争夺加丹加矿业公司这颗宝石。然而，在一场短暂的收购战之后，刚果（金）政府宣布，将对这些铜矿的许可证进行审查。劳滕巴赫明白政府的意图，并于2007年9月撤了资。劳滕巴赫此前曾是刚果（金）国家矿业公司的经理，但后来他的职位被福雷斯特取代了。这也是两人之间结下梁子的原因。

福雷斯特和劳滕巴赫鹬蚌相争，正好让丹·格特勒渔翁得利。年仅30岁的他于2004年与刚果政府签订了开发KOV铜矿（Kamoto-Oliveira Virgule，即后来的Nikanor公司）的合资合同。KOV铜矿位于加丹加省，是唯一比卡莫托铜业公司（Kamoto Copper Company）资源更丰富的矿山，铜储量预计为670万吨，钴储量为65万吨，是卡莫托铜矿的两倍。根据2018年的市价，这些矿藏的价值超过了非洲GDP总值的一半。

在围绕加丹加省铜矿的收购战中，丹·格特勒通过Nikanor公司收购了铜矿的股份。2008年初，中非矿业公司最终竞标失败，而Nikanor公司和加丹加矿业公司则合并成了一家公司。丹·格特勒除了经济实力雄厚，人脉资源也很广：他是以色列钻石交易所创始人的孙子，也是时任以色列总理的阿里尔·沙龙（Ariel Sharon）的朋友；他与刚果（金）总统约瑟夫·卡比拉同龄，且自认为与总统的关系很好。

2010年1月，丹·格特勒成立了高风矿业（Highwinds Properties），并通过不光彩的手段，获得了科卢韦齐镇铜矿的许可证。数月之后，市场传来了一条重磅消息。2010年8月20日，欧亚自然资源公司证实，已耗资1.75亿美元收购了卡姆罗斯资源公司50.5%的股份，进而取得了科卢韦齐镇铜矿的许可证。该公司还表示，有意与丹·格特勒控制的塞里达全球公司（Cerida Global）开展合作。在收购了卡姆罗斯资源公司之后，欧亚自然资源公司还承诺，将为高风矿业提供4亿美元的贷款，并将为塞里达全球公司1.55亿美元的贷款提供担保。

来自哈萨克斯坦的欧亚自然资源公司积极扩展非洲业务，
毫不介意与约瑟夫·卡比拉等非洲暴君做生意。

卡姆罗斯资源公司还将其子公司非洲资源公司（Africo）的大部分股份卖给了欧亚自然资源公司。该子公司的铜矿和钴矿项目就在中非矿业的项目附近。对于欧亚自然资源公司而言，此举具有重大战略意义，因为这家来自哈萨克斯坦的公司已于2009年以9.55亿美元的价格收购了中非矿业。这就是丹·格特勒发挥关键作用的地方。这位拥有中非矿业35%股份的以色列投资人，很快就联合了哈萨克斯坦的三大寡头：亚历山大·马什凯维奇（Alexander Mashkevitch）、帕托赫·乔迪耶夫（Patokh Chodiev）和阿利扬·伊布拉吉莫夫（Alijan Ibragimov），这三个人拥有欧亚自然资源公司40%的股份。

中非矿业和卡姆罗斯资源公司之间的交易，是欧亚自然资源公司在非洲积极拓展政策的重要里程碑。2010年5月，欧亚自然资源公司还收购了南非诺瑟姆铂金公司（Northam Platinum）的12%股份。许多机构投资者对股权能否顺利让渡表示怀疑。只有时间才能够证明，欧亚自然资源公司的投资结果，会不会比加拿大第一量子公司更胜一筹。

时光荏苒。2013年11月，欧亚自然资源公司从伦敦证券交易所退市。次年4月，英国开始对其贿赂和破坏制裁的行为展开官方调查。公司创始合伙人决定，对公司再度实施私有化。2014年2月，有消息称，该公司为了偿还债务，不得不出售其所有海外资产，包括在刚果民主共和国的铜矿。而卡比拉总统则一直执政到2018年底。

2019年1月，反对派领导人费利克斯·齐塞克迪上台，成为刚果（金）的第五任总统。反对派领导人马丁·法尤鲁（Martin Fayulu）抱怨称，尽管卡比拉已正式卸任，但他及其党羽很可能还会继续弄权。总统选举的时间已经推迟了两年多了，但尽管抗议声强烈，但选举还是一拖再拖。自1960年比利时的殖民统治结束以来，刚果（金）从未实现过政权的和平交接。

关键内容

· 非洲铜矿带位于刚果民主共和国和赞比亚之间，蕴藏着令人难以置信的丰富自然资源。2010年，刚果（金）卡比拉总统吊销了加拿大第一量子公司的采矿许可证，成为剧变的焦点。

· 伦敦金属交易所的铜价涨到了9,000美元/吨以上，创历史新高，让铜矿生意变得炙手可热。

· 在伦敦上市的哈萨克斯坦矿业公司——欧亚自然资源公司开始大规模进军非洲矿业。公司的领导们并不介意与黑心商人和刚果（金）腐败的卡比拉政权做生意。

· 丹·格特勒的高风矿业进行了不光彩的交易，将原本由加拿大第一量子公司投资开采的铜矿卖给了欧亚自然资源公司。这条爆炸性新闻让国际投资人一片哗然。几年之后，欧亚自然资源公司再度实施了私有化。

第三十六章

原油："深水地平线"泄漏事故

2010年

墨西哥湾已经没有时间了。"深水地平线"钻井平台因爆炸而沉没，随之而来的是一场灾难。这是史上最大的原油泄漏事故，大约7.8亿升原油流入了大海。英国石油公司（BP）的股票在几周时间内就腰斩了。

这口钻井就不应该钻，这简直就是给大自然母亲添乱。

——丹宁尔·巴伦（Daniel Barron），

"深水地平线"原油泄漏事故幸存者

我想让我的生活恢复如常。

——托尼·海沃德（Tony Hayward），

英国石油公司首席执行官

"深水地平线"（Deepwater Horizon）钻井平台安装于2001年，长121米，宽78米，高23米，耗资3.5亿美元，是世界上最先进的深水钻井之一。2010年4月，这个庞然大物在墨西哥湾建成，距离路易斯安那州的海岸约56千米。自2月以来，该钻井平台一直在密西西比峡谷252区块中忙碌作业，钻探位于海下约4000米深的马孔多油藏（Macondo）。

**在"埃克森·瓦尔迪兹"号油轮漏油事故发生20年后，
一场更大的环境灾难近在咫尺。**

2010年4月20日，本该成为一个成功的日子，因为API 60-817-44169号钻井即将完工。这口钻井要进行密封，为将来参与钻井平台后续生产做准备。由于跨洋船舶公司（Transocean）等平台运营商都是按天收费的，因此每一天都有运营成本。在这种情况下，英国石油公司难免感到担忧，因为深水地平线钻井平台已经落后于计划工期43天了。推迟完工已经让这家大型石油公司蒙受了2,000多万美元的损失。

灾难回顾："埃克森·瓦尔迪兹"号油轮漏油事故

1989年3月24日，午夜才刚过，美国史上最严重的环境灾难就发生了。在阿拉斯加的港口城市瓦尔迪兹（Valdez），全长300米的埃克森·瓦尔迪兹号巨轮满载着阿拉斯加输油管的石油，刚驶离港口，就与威廉王子湾（Prince William Sound）的布莱礁相撞了。这次事故造成了近40,000吨原油的泄漏，约2,000千米的海岸线受到了污染，几十万只的海鱼、海鸟和海洋动物因此而死亡。事故发生时，船长约瑟夫·哈泽尔伍德（Joseph Hazelwood）在自己的房间里喝醉了，油轮由三副格雷戈里·库森（Gregory Cousins）掌舵。

尽管在事故发生后开展了广泛清理，但直到30年后的今天，此次事故对生态环境造成的严重影响依然存在。

上午，英国石油的四名管理人员乘坐直升机抵达现场，监督钻井的完成情况。就在几个小时前，石油服务公司哈里伯顿（Halliburton）的专家已经将井口用水泥封住了。斯伦贝谢公司（Schlumberger）的员工负责测试水泥的密封性，但他还没有来得及完成任务，就被英国石油的管理人员送回了岸上。

"深水地平线"钻井平台在墨西哥湾
为英国石油公司开采石油。

为了赶工期，英国石油要求，马上用海水替换油井中的钻井泥浆，为早日投产做好准备。英国石油和跨洋船舶公司管理层就该决定产生了争论，后者认为这样做不合适，因为钻井泥浆可以防止天然气和石油的井喷，而海水则不会。但英国石油的管理层占了上风，最后还是这样操作了。

事实证明，这个决定导致了灾难。井口发生了泄漏，钻井泥浆和气泡开始溢出。井口的水泥塞出现了泄漏。众人加班到深夜，突然听见甲烷发出了尖锐的嘶鸣声，一股泥浆从井架上喷涌而出，预示着井喷即将发生。

随着甲烷起火，巨大的火柱直冲夜空。一瞬间，整个井架化成一片火海。事故造成了四名工人当场死亡，井架被完全焚毁。

为了避免工人们在午夜被假警报打扰了休息，原本为火灾和毒物及爆炸气体浓度而设计的警报被关闭了。而此刻，甲板下面已经一片混乱。有的工人还处于半梦半醒之间，只穿了件救生衣，就从钻井平台跳进海里逃命。可由于"深水地平线"平台已经起火了，海面上的石油也都烧了起来。钻井平台上的两艘救生艇乱作一团。

夜里11点左右，80米长的补给船（Damon B. Bankston）达蒙·B. 班克斯顿号救下了事故的幸存者。此次共有11人在爆炸中丧生。两年后，钻井平台在墨西哥湾沉没了。

"深水地平线"的沉没造成了美国史上最大的环境灾难。2016年，好莱坞将这次事故搬上了大荧幕，影片由马克·沃尔伯格（Mark Wahlberg）主演。

马孔多油藏的钻探以灾难而告终。在这次美国史上
最大的原油泄漏事故中，泄漏的原油近7.8亿升，
事故令英国石油公司的股票腰斩。

当"深水地平线"钻井平台着火时，工程师克里斯托弗·普莱森特（Christopher Pleasant）按下了防井喷紧急按钮。这个按钮将关闭井口正上方的层层阀门，像一个巨大的钳子一样，在发生灾难时关闭油井，阻断井喷。可是，当自动应急系统被激活之后，却没有起到任何防护效果。

调查委员会在事后调查中发现，"深水地平线"的防喷器维护不当，液压系统也存在泄漏。这说明在工作中，相关安全守则并没有执行到位。此外，该装置的环形阀在数周前就已经损坏了。不仅防喷器有问题，而且早在2009年9月，英国石油就向跨洋船舶公司报告了钻井平台近400处缺陷。然而，维修工作却一拖再拖，超过26个系统都处于有问题的状态，就连压载系统都不正常。

在钻井平台沉没之后，浮油面积从最初的1.5千米宽、8千米长，在几天内就扩大到近10,000平方千米。每天有500万到1,000万升的原油流进大海，路易斯安那州、佛罗里达州、密西西比州和亚拉巴马州全都宣布进入紧急状态。根据美国内政部的流速技术小组（FRTG）估计，平台每8至10天泄漏的原油数量，就等于"埃克森·瓦尔迪兹"号油轮漏油事故的漏油总量。英国石油估计，油藏约含70亿升原油，也就是说，全部原油流入大海还需要两到四年的时间。

在平台沉没后不久，英国石油就开始修建两台独立的侧面减压井（底部压井法），但钻井工作需要约3个月时间。与此同时，借助大型钢穹顶限制浮油外扩的尝试也以失败告终。

漏油点封堵成功共耗时五个月。

海床深度达1,500米，增加了封堵工作的复杂程度。2010年5月底，用泥浆和水泥堵漏的顶部封堵法虽尝试了多次，但全都失败了。7月中旬，英国石油采用了一种全新封堵装置减少了浮油外扩，取得了初步成效。接着，8月6日，英国石油用改良后的顶部封堵法（静态封堵法），通过侧面减压孔泵入液体水泥，实现了永久封堵。9月19日，在"深水地平线"沉没五个月后，英国石油宣布，该油井已"正式死亡"。

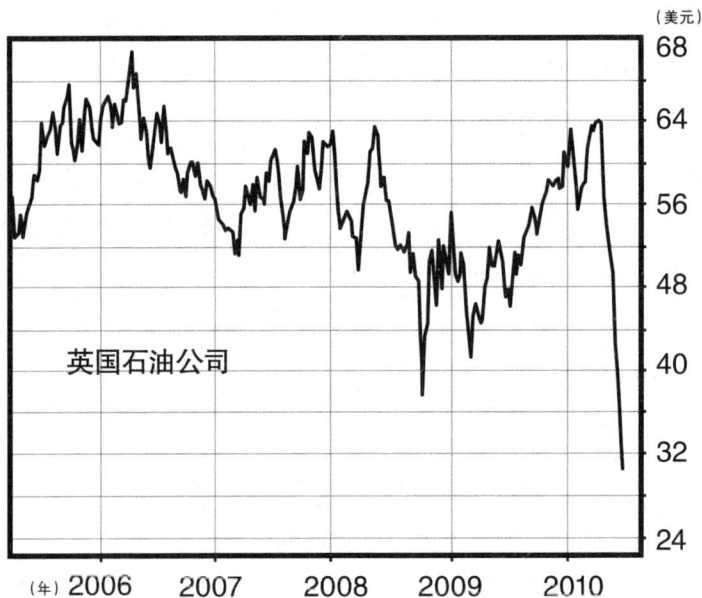

图35：2006—2010年上半年英国石油股价波动

数据来源：彭博社，2019年。

据估计，这次灾难性事故泄漏的原油近7.8亿升。消息令英国石油的股票腰斩。同时，英国石油还宣布，将出售价值100亿美元的资产，用于递延原油泄漏的封堵成本。

在英国石油宣布消息之时，其实只产生了30亿美元的封堵成本。不过，英国石油还是建立了一个超过200亿美元的信托基金，用于这场灾难的善后工作。谁应该对这场灾难负责，依然没有定论。毫无疑问，英国石油的做法风险很高，为了节省成本，违反了行业规范。作为事故的主要负责人，英国石油承担了相关的经济责任。而作为钻井平台的运营商，跨洋船舶公司也难辞其咎，更何况钻井平台当时的运作状态存在很多问题。对于石油服务公司哈里伯顿而言，存疑的地方在于水泥密封的完成情况。此外，与英国石油开展合作的三井公司（Mitsui）和阿纳达科石油公司（Anadarko）也都收到了索赔函。

　　不论是在墨西哥湾，还是在巴西和非洲的海洋石油项目规划中，这次事故都提高了公众对深海钻探危险性的认识。漏油灾难直接导致美国政府通过了一项深海钻探禁令，暂停一切新的深海钻探活动。虽然后来这一禁令被废除了，但政府再未颁发任何新的许可证。经过事件进一步发酵，美国总统巴拉克·奥巴马（Barack Obama）以严重玩忽职守为由，解雇了美国矿产资源管理局（Minerals Management Service）的负责人伊丽莎白·伯恩鲍姆（Elizabeth Birnbaum），该机构后来也更名为海洋能源管理、监督和执行局（Bureau of Ocean Energy Management, Regulation and Enforcement）。

　　这场灾难造成了无法估量的经济损失，更别提环境污染了。泄漏的原油对环境造成了直接污染，而在封堵漏油过程中，不仅燃烧了浮油，还使用了Corexit等有毒的石油分散剂，这些均会对环境造成危害。2018年，英国石油表示，预计"深水地平线"原油泄漏事故的未决索赔金额将持续增加，事故总成本将超过650亿美元，因此，公司会继续从季度营收中拨款来支付索赔。

关键内容

- 位于墨西哥湾的"深水地平线"钻井平台在钻探海下约4,000米深的马孔多油藏时，造成了原油泄漏的灾难性事故。泄漏的原油近7.8亿升，令英国石油公司的股票腰斩。
- 此次泄漏事故造成了美国史上最大的环境灾难，比20年前"埃克森·瓦尔迪兹"号油轮漏油事故要严重得多。
- 事故发生之后，美国政府暂停了所有深水钻探许可证的审批。英国石油预计，事故总成本将超过650亿美元。

第三十七章

棉花：白色黄金

拉尼娜现象导致全球洪灾和恶劣天气频发，影响了巴基斯坦、中国和印度等国的农作物产量。恐慌性购买和囤货推动了棉花价格的上涨，创下了自150年前美国内战结束以来的新高。

这辈子再也不可能遇到这种情况了。

——莎朗·约翰逊（Sharon Johnson），高级棉花分析师

我觉得，棉花价格还有继续上涨的希望。

——于连民，中国棉农

在古巴比伦，棉花被称为"白色黄金"。从古至今，棉布织物都深受人们的喜爱，手工织布的历史长达数千年。然而，18世纪末，纺纱厂和织布厂的出现，大幅降低了织布成本织物及服装的价格。到了19世纪，蒸汽机、轧棉机、纺纱机和机械织机等近代发明层出不穷，促进了棉花行业的蓬勃发展。

美国内战之后，棉花的价格最后一次接近2美元/磅。

英国的纺织业需要的棉花越来越多。棉花主要产自英国的殖民地及外国地区，尤其是美国南部。19世纪初，美国的棉花种植业经历了蓬勃发展。棉花适合在潮湿且温暖的地方生长，而且美国南方的劳动力也很便宜。在南方种植园里，非洲黑奴已经被奴役了250年。1865年美国结束内战并废除奴隶制之前，棉花产量从每年1万包增加到了400多万包。内战期间，棉花价格暴涨到让人难以置信的程度，直到150年后的2011年，棉花价格才再度接近这一水平。

图36：2005—2013年棉花价格走势

数据来源：彭博社，2019年。

1995年以来，棉花价格多在0.4至0.8美元/磅之间波动。2010年9月底，棉花价格15年来首次突破了1美元。同年5月，德国《明镜周刊》曾因棉花价格暴涨而哀叹"廉价牛仔裤时代结束了"。但这只不过是上涨的开始。到了11月，棉花价格又上涨了40%，之后开始出现大幅调整。截至12月底，棉花价格涨到了1.4美元/磅。从2011年1月开始，棉花的涨势已不可阻挡。2011年3月，棉花价格飙升至2.15美元/磅上方，是2000年初价格的四倍，较2008年11月上涨了480%。

这是自1870年纽约棉花交易所引入棉花交易以来的历史最高价。

其实，棉花价格已经连续涨了好几年了。2009年底，全球纺织业曾预测，纺织行业将会在2010年迎来3%的强劲增长。然而，受洪水和恶劣天气的影响，中国、印度、巴基斯坦和澳大利亚等几个重要棉花生产国的棉花均出现严重歉收。随着棉花库存的下降，厂家为了在短期内买到棉花，不得不支付高额溢价。

恶劣的天气条件再次影响了农产品价格。

作为全球第四大产棉国，巴基斯坦在2010年遭遇洪灾，据联合国估计，受灾人口多达1,400多万人。这一年的季风也是80多年来最猛烈的一次，雨水摧毁了超过28万公顷的棉花。据巴基斯坦轧棉厂家协会（Pakistan Cotton Ginners Association）统计，洪水导致棉花减产了200万包。全巴基斯坦纺织厂协会（All Pakistan Textile Mills Association）也报告了棉花短缺的情况，令人担忧。只有30%的纺织厂拥有三个月的原料库存，巴基斯坦很快就要暂停棉花出口了。

几周后，世界第二大棉花生产国印度也采取了相同措施。印度纺织部停止了棉花出口，否则，印度国内纺织业就无法保证足够的棉花供应。印度的棉花出口量下降到50万吨，而在2007—2008年度，印度的棉花出口量还在150万吨以上。

除了印度国内纺织业的蓬勃发展之外，棉花短缺还受到了其他几个因素影响。中国是世界上最大的棉花生产国和进口国，由于低温和雨水过多，已经连续第二年出现棉花歉收了。中国棉花协会（China Cotton Association）2010年12月的统计数据显示，月度棉花进口量同比增长了一倍。

棉花介绍

大部分棉花品种是一年生木本植物，种植环境对温度和湿度的要求很高。在北半球，棉花的播种时间为2月初至6月初，具体时间取决于具体地点。

中国、印度、美国、巴基斯坦、巴西和乌兹别克斯坦的棉花产量占全球总产量的85%左右。其中，中国和印度的产量占全球总产量的一半以上。2009—2010年，全球棉花产量达到了2,500万吨。

棉花主要用于纺织行业，约占全球纺织纤维的三分之一。纺织纤维可分为天然纤维和人造（合成）纤维，天然纤维包括棉麻等植物纤维以及羊毛、绒毛和丝绸等动物纤维。实际上，在纺织行业中占主导地位的是合成纤维，占比约为60%。合成纤维可分为纤维素纤维（如人造丝）和从石油中提取的纤维，最重要的合成纤维是涤纶、尼龙和腈纶。

棉花主要在美国的商品期货交易所进行交易，交易代码为CT加相应的合同月份，一手合约为22,670千克棉花。

2010年底和2011年初，洪水和热带气旋"雅思"（Yasi）让澳大利亚严重受灾。澳大利亚在全球十大棉花生产国中排名第八，澳大利亚棉商协会（Australian Cotton Shippers Association）原本预测将出现400万包以上的棉花大丰收，受灾后将收成预期调降了10%以上。

棉花出口禁令让市场雪上加霜，
随之而来的是恐慌性购买和囤货。

在恐慌情绪的驱使之下，受灾地区的棉花加工商开始不计成本地购入原料，从而进一步推高了棉花价格。手里还有存货的棉农继续惜售，让棉花短缺的情况更加严重。据中储棉花信息中心（China National Cotton Information Center）估计，大约有200万吨的可用原料没有进入中国国内市场。例如，在距离北京220千米的山东省胡集镇，由于棉农预期棉花价格将持续上涨，因此将半数以上的棉花收成都囤到了1月底。由于棉花的保质期限较短，这种囤货策略只能维持到四五月份。

无论如何，棉花价格的上涨都是短暂的。华盛顿的国际棉花咨询委员会（International Cotton Advisory Committee）估计，2011—2012年，全球棉花种植面积将增加到3,600万公顷，为17年来之最。面对棉花价格高企，增产的应对措施也是情理之中的。然而，在短期之内，大多数加工商并没有其他选择，只能将低成本的合成纤维与高成本的棉花混合加工。

关键内容

- 如果你认为，棉花价格的巅峰时刻出现在100多年前，那么2010年的棉花价格暴涨将会证明，你的判断是错的。
- 全球气候变化的影响已经通过一系列极端天气事件初露端倪。拉尼娜现象导致洪灾和恶劣天气频发，影响了中国、印度、巴基斯坦和澳大利亚的农作物产量。
- 受灾地区的棉花加工商出现恐慌，进一步推高了棉花价格。手里还有存货的棉农继续惜售，期望能够卖到更好的价格。
- 结果，棉花价格屡创新高。2009年棉花价格还在40美分/磅，一年内就涨到了80美分/磅；2011年更是飙升至2美元/磅，在两年内涨幅高达500%。
- 由于供应短缺、出口受限、恐慌购买和囤货等原因，棉花价格创下了自150年前美国内战结束以来的新高。

第三十八章

嘉能可：巨头诞生

2011年

2011年5月，全球大宗商品交易巨头嘉能可公司（Glencore）成功上市。这家引人注目的老牌公司对合作极为谨慎，其发展历史充满着神秘色彩。前任总裁马克·里奇被美国司法部通缉了20余年。在未上市之前，公司不必受制于公开透明规定和公共问责制，曾与世界一些国家都做过违法交易。

嘉能可是马克·里奇留给我们的。

——丹宁尔·阿曼恩（Daniel Ammann），《石油之王》作者

我的生意就是我的生活。

——马克·里奇（Marc Rich）

2011年，距离复活节假期到来还剩一周时间，在德国的银行业之都，美因河畔的法兰克福正沐浴在明媚的阳光之中。这一天，气温在年内首次升到了22℃以上，街上到处都是晒太阳的人。全球大宗商品交易巨头嘉能可公司即将上市，成为本年度规模最大的一起IPO。这也是嘉能可向投资人进行宣传的第一周。

股票专家们不厌其烦地解释着嘉能可的发展战略和商业模式，以及机构投资者为什么应该参与这家全球最大商品交易公司的IPO。法兰克福市中心，一座高耸入云的银行大楼的会议室里，11个投资人正吃着小点心。由于日程安排和电话会议过多，股市专家迟到了。关于嘉能可企业利润等诸多信息，目前并不清楚，似乎公司的情况并不完全透明。根据财团内部的银行估算，嘉能可的估值约在600亿—800亿美元之间。只有内部人员才知道，财团的管理层是谁，这样一家交易巨头如何盈利？因为直到上市之前，这家总部在瑞士的交易商一直未对上述信息进行披露。

嘉能可的全称是全球能源商品资源公司（Global Energy Commodity Resources，简称"Glencore"），是全球领先的大宗商品交易商，其业务范围涵盖铝、铜、锌、镍、铅、铁矿石、煤和原油以及农产品的生产、加工和贸易。就销售额而言，嘉能可是瑞士最大的公司，也是英国矿业公司斯特拉塔（Xstrata）的最大股东，持有其33%的股份。上市之前，嘉能可完全由其管理层和员工所有。公司在1993年之前经历过一段动荡时期。当时，公司所有的决策全部由一个人决定。这个人就是外号"石油大王"的马克·里奇（Marc Rich）。

马克·里奇是全球最成功的大宗商品交易员。他和平卡斯·格林一起，打败了20世纪70年代叱咤风云的"石油七姐妹"利益集团。

在商品市场中，马克·里奇是一个传奇，可谓前无古人后无来者。作为说德语的犹太人后裔，里奇于1954年在菲利普兄弟公司（Philipp Brothers）开始了自己的职业生涯。该公司是当时世界上最大的商品交易商。欧洲、美国和亚洲的强劲经济增长，成就了20世纪60年代大宗商品市场繁荣发展的十年。1973年，马克·里奇与平卡斯·格林（Pincus Green）联手为公司创下了利润新高，却因为未来的待遇问题和公司发生了争执。

里奇和格林离开了菲利普兄弟公司，还带走了雅克·哈塞尔（Jacques Hachuel）、亚历山大·哈克尔（Alexander Hackel）和约翰·特拉福德（John Trafford）。1974年4月3日，他们一起在瑞士楚格创办了马克里奇公司（Marc Rich & Co. Ag）。里奇和格林彻底改变了大宗商品贸易，打破了"石油七姐妹"的利益集团，成为国际石油交易的主要参与者。20世纪80年代初，里奇成为全球最大的独立原油交易商。马克里奇公司创造的利润，比瑞士最大的银行瑞银（UBS）还要多，里奇的私人财富估计在10亿美元以上。

刚开始，马克里奇公司专注于铁、有色金属和矿产的现货交易，随后开始涉足原油和煤炭等能源领域。1982年，通过收购荷兰老牌谷物销售公司，马克里奇公司开始进军农业领域。通过不断收购采矿、冶炼、精炼和加工行业的公司，公司持续拓展业务范围，在八九十年代保持了迅猛的发展势头。

马克·里奇

1934年12月18日，马克·里奇出生在比利时的安特卫普，是说德语的犹太人后裔。为了躲避战争和迫害，他们举家移民到美国，并将家族的姓氏改为里奇。年轻的里奇在纽约大学读书。1954年，为了加入当时美国最大的大宗商品交易商菲利普兄弟公司，里奇刚读了两个学期就退学了。他在路德维希·杰瑟森（Ludwig Jesselson）的手下开始了自己的职业生涯。1964年至1974年期间，他在菲利普兄弟公司西班牙办事处当经理。1974

年，里奇离开了菲利普兄弟公司，与平卡斯·格林等人自立门户，成立了马克里奇公司。

在接下来的20年里，这家新的商品交易商成为业内最成功的公司。在伊朗被美国政治经济制裁且美国于1980年4月与伊朗断交的情况下，该公司依然与伊朗保持着生意来往，这让里奇和格林成为美国司法部的通缉犯，罪名是有组织犯罪和税务欺诈。里奇逃到了瑞士躲避官司，并在被美国通缉的20年里，与格林在那里照常经营公司。

1993年，通过管理层收购，里奇离开了公司。马克里奇公司更名为嘉能可公司。据《福布斯》杂志估计，里奇当时的个人资产在15亿美元以上。

里奇从未受审。2001年1月20日，在他任职的最后一天，美国总统比尔·克林顿无条件赦免了里奇和格林。此举引发了很大争议。

2013年6月，里奇在瑞士卢塞恩的一家医院因中风去世，享年78岁。

为了赚钱，马克里奇公司来者不拒。而到了20世纪90年代，情况发生了变化。公司元老平卡斯·格林和亚历山大·哈克尔先后辞职，媒体开始无情地抨击公司此前的所作所为。最后，面对公司的严重亏损，里奇失去了其他高级管理人员的支持。

1993年11月，马克里奇公司39名最重要的员工在楚格的帕克饭店开会，讨论在没有里奇的情况下，公司的未来将如何发展。在威利·斯特霍特（Willy Strothotte）的带领下，众人对管理层收购达成一致。到了次年11月，里奇已分批将其股份卖给了公司约200位高管和高级雇员。作为原油、金属和矿物贸易方面的行业领导者，公司的估值约为10亿至15亿美元。随后，公司更名为嘉能可公司。沿用了20年的马克·里奇的名字消失得无影无踪。

斯特霍特出任嘉能可公司的董事会主席，也成为瑞士基础建设投资公司（Schweizerischer Südelektra）的高管之一。1999年，瑞士基础建设投资公司更名为斯特拉塔公司（Xstrata）。嘉能可作为其最大股东，持有该公司33%的股份。这两家公司的关系十分紧密。斯特拉塔公司专注于商品生产，而嘉能可则专注于销售和原材料贸易。随着斯特拉塔公司在伦敦上市，公司开始披露经营数据，形成了一定透明度。但嘉能可的业务依然保持在幕后进行。

图37：2011年5月11日嘉能可上市以来的股价表现

数据来源：彭博社，2019年。

　　随着嘉能可的企业规模发展得越来越大，它急需找到新的资金来源。鉴于在未来几年中，公司将向一些高管人员兑现补偿，令资金紧张的状况雪上加霜。2011年5月19日，嘉能可在伦敦上市，发行价为5.27英镑，总共募集了120亿美元，解决了公司的燃眉之急。2012年2月，嘉能可宣布将并购斯特拉塔公司。并购工作由公司的首席执行官伊凡·格拉森博格（Ivan Glasenberg）牵头，并计划于一年之内完成。格拉森博格自1984年起进入嘉能可工作，于2002年起担任嘉能可的首席执行官。其个人净资产估计为50亿美元，是瑞士十大富豪之一。

　　事实证明，嘉能可的管理层趁股价位于高位时套现了。公司股票破发，且再也没有涨回到发行价。在不断抛售的过程中，公司股价于2015年

9月28日跌到了0.67英镑，自上市以来下跌了87%。不过，2019年1月，股价已涨回到3英镑。这表明作为上市公司，嘉能可还是有所作为的。

关键内容

- 大宗商品交易商嘉能可经历了一段动荡时期。直到1993年之前，公司的所有决策全部由一个人决定。这个人就是外号"石油大王"的马克·里奇。1974年，他在瑞士楚格创办了马克里奇公司。

- 里奇的私人财富估计在10亿美元以上，他打破了"石油七姐妹"的利益集团，成为全球最大的独立原油交易商。

- 嘉能可和其他商品交易商更愿意私下达成交易，对外界保持着一种神秘感。公司在1993年之后，一直由其管理层和员工私有。然而为了打破融资限制，嘉能可于2011年5月上市，募集了120亿美元的资金。一年后，它完成了对矿业巨头斯特拉塔公司的并购，成为矿产和大宗交易市场的领军者。

- 2011年5月，嘉能可在伦敦上市，发行价为5.27英镑。事后看来，公司的发行价即为历史最高点。在随后的大宗商品市场熊市中，其股价于2015年9月跌到了0.67英镑。今天，其股价已经涨回到3英镑。

第三十九章

稀土热：钕、镝和镧

稀土在现代高科技应用中不可或缺，广泛应用于电脑、手机和平板电脑，以及新能源汽车和风力发电中。由于稀土的储量少，开采带来严重的环保问题，稀土价格飙升，吸引了来自世界各地的投资者。

中东有石油，中国有稀土。

——邓小平，1992年

2013年，地质学家唐·布巴尔（Don Bubar）以不到50万美元的价格，买下了加拿大4,000公顷荒地，希望几年后，这块地可以价值数十亿美元。布巴尔和他的阿瓦隆资源公司（Avalon Resources）打算开发一个稀土矿，并计划于2015年正式投产。黄金热曾经席卷整个采矿业，而现在，全球又有近300家公司正在勘探稀土和其他稀有金属，如锂、铟或镓。投资者乐于投资稀土项目，因为其供应量有限，需求量又很高，价格一路飙升，几乎天天上头条。

时至今日，稀土在现代高科技应用中不可或缺，广泛应用于电脑、手机和平板电脑的生产中，电动汽车、混合动力汽车及风力发电站的快速发展也离不开稀土。但是，这些稀有金属一直是主要生产国中国与西方国家贸易冲突的焦点。在过去几年里中，冲突情况还在不断恶化。

稀土介绍

稀土共包括17种稀有金属：钪、钇，以及包括镧、铈、镨、钕、钷、钐、钬、镥、铒、镝、铽、钆、铥、镱在内的镧系元素。在绝大多数稀土矿中，轻稀土（铈、镧、钕和镨）比较容易发现，而重稀土（钇、铽和镝等）的出现概率则低得多。

钕是应用最广泛的稀土金属之一，在生产永磁材料中必不可少。永磁是指无需充电即可保持其磁性的磁体。手机、计算机、风力涡轮机、电动汽车及混合动力汽车都离不开钕。风力发电机每产生一兆瓦功率，需要600至1,000千克的钕铁硼合金作为永磁材料。此外，在每个风力涡轮机中，也有几百千克的钕和镝。

镧在高科技应用也很常见。例如，丰田普锐斯的混合动力发动机需要约1千克的钕，但其电池中，也含有约15千克的镧。德国联邦地球科学与自然资源研究所（German Federal Institute for Geosciences and Natural Resources）预计，稀土的年需求将增加到20万吨，按目前市价计算，其市场规模约为20亿美元，属于一个利润很高的微型细分市场。相比之下，其他金属市场的规模则大得多，以铜为例，铜的年产量将近2,000万吨，市场价值接近1,400亿美元。

中国还拥有全球稀土储量的近40%，其他储量靠前的国家分别为俄罗斯、美国、澳大利亚和印度。

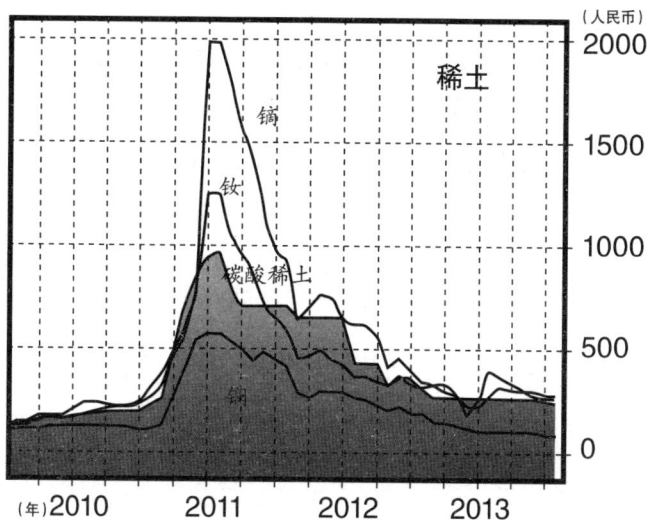

图38：2010—2013年碳酸稀土、钕、镝和镧的中国价格，2009年12月30日价格指数为100

数据来源：彭博社，2019年。

2005年，中国稀土出口量约为6.5万吨。此后，稀土出口量急剧下降。从2005年至2008年，稀土价格大幅上涨。2009年三季度，稀土又展开了新一轮上涨。2011年上半年，价格再度上涨。2011年5月，钕的价格已接近300美元/千克，而在12个月之前，其价格仅为40美元。

在过去的20年中，西方国家深深陷入了对中国稀土的经济依赖中。20世纪60年代中期，美国开始在加利福尼亚莫哈韦沙漠（Mojave Desert）的帕斯山矿（Mountain Pass Mine）生产稀土。20世纪90年代末期，仅这一个矿的产量，就满足了全世界对稀土的需求。这段时期在业内被称作"帕斯山时代"。

然而，由于环境限制和稀土金属价格偏低，帕斯山矿于2002年停产。20世纪90年代初以来，中国人开始涌入稀土市场，他们生产的稀土成本更低。

中国的稀土主要产自内蒙古。在距离百万人口城市包头仅几千米的地方，就是白云鄂博矿区，这里是全世界最大的露天稀土矿之一。

中国的白云鄂博是全世界最大的稀土矿区。

据估计，白云鄂博的稀土储量高达3,500万吨，占中国稀土总储量的一半以上。中国的另外大部分稀土来自云南。然而，生产稀土是要付出代价的。稀土加工会制造大量有毒残留物，导致钍、铀、重金属、酸和氟化物的严重污染。

稀土是发展清洁能源，尤其是生产风力涡轮机、电动汽车和混合动力汽车所不可或缺的。针对西方国家的稀土匮乏问题，没有什么简单的方法可以让问题在短期内得到解决。在不造成环境污染的前提下，建设一个独立的稀土生产厂是需要投入大量资金的，而稀土矿床的勘探和开采问题比较好解决。虽然稀土的名字里有"稀"字，但其实并不真的稀缺，即使是稀土中最稀有的金属，也比黄金常见200倍左右。

稀土价格的飙升吸引了大量投机者。

2011年，稀土价格暴涨，吸引了全球众多的投资者和投机者。随着小型矿业公司纷纷开始寻找稀土和其他稀有金属，投资者也希望能够找到具有吸引力的稀土项目进行投资。然而，大多数稀土矿藏从来都没机会开发，甚至没有任何投产的可能性。

在这些公司中，最有希望的两家是美国钼业公司（Molycorp）和澳大利亚莱纳斯公司（Lynas）。美国钼业公司于2010年上市，计划重启帕斯山矿项目。而莱纳斯公司的目标则是，2011年完成澳大利亚韦尔德山铌-稀土矿（Mount Weld）的正式投产。除此之外，所有其他稀土项目的建设规划都超过了五年。同时，与缺乏密集投资相比，缺乏基础生产设施是更难解决的问题。

面对激烈竞争和低迷的稀土价格，美国钼业公司于2015年申请破产，后来重组成新性能材料公司（Neo Performance Materials）。2012年11月，澳大利亚莱纳斯公司成功投产，并完成了首批精选矿石的发货。今天，该公司经营着韦尔德山铌-稀土矿山和选矿厂，以及马来西亚关丹市的一家精炼厂。在2018年9月，马来西亚的工厂因环境问题遭到政府调查，导致莱纳斯公司的股票出现下跌。

关键内容

- 17种稀土金属拥有着很少见的名字，如钕、镝、镧等，它们在风力涡轮机和电动车等现代高科技应用中是不可缺少的。

- 稀土价格急剧上涨，在2009年至2011年期间平均上升了十倍。钕和镝的需求量最大，价格增长最为迅猛。在价格暴涨的吸引下，全球投资者都迫不及待地希望投资稀土项目。

第四十章

原油：消化过剩库存

原油市场上，一场完美风暴即将来临。随着全球经济增速放缓，原油期货升水导致库存量越来越大。2016年2月，油价跌到了26美元/桶，全世界的原油好像都漂在海上。不过，至暗时刻过后就是黎明，原油和其他大宗商品的价格终于迎来了历史大底。

所有人都要冷静。你，请冷静点。

——赛斯·格柯（Seth Gecko）

原油供应过剩已被消化。

——尼克·坎宁安（Nick Cunningham），*www.oilprice.com*

全球金融危机产生的末日效应，已经被各国央行的大规模救助和非常规货币政策所阻止。至于原油，西得克萨斯中质油期货（WTI）从2008年6月近150美元/桶的高点开始暴跌，到了2009年春天，成交价一度低于33美元。同年底，原油价格回升到80美元/桶。2011年至2014年期间，原油价格围绕100美元/桶反复震荡。

事实证明，2014年夏天是风暴来临之前的最后宁静：WTI原油从近110美元/桶跌到了26美元/桶下方，跌幅达76%，甚至比金融危机期间的油价还要低。事实上，这是自2003年以来原油价格的最低水平。

而且，并非只有原油出现了下跌。2016年对所有大宗商品来说，都是一场噩梦的开始。中国A股暴跌，引起了亚洲股市的连锁反应。随后，全球许多国家的股指也纷纷出现暴跌。从人口统计学、经济增长和大规模原材料采购等各方面看，中国对大宗商品的需求都至关重要。美元指数从100的高位大幅回落，原材料价格也进一步走低。

图39：2008—2016年WTI原油的反弹和熊市

数据来源：彭博社，2019年。

金融危机期间，资产价格的大规模下跌，导致原油的期限结构转为期货升水（contango），即现货价格低于期货价格。储存石油比卖出石油更赚钱。但是，供应过剩已经让现有的储存设施不堪重负，最终导致原油商开始用超级油轮来储存原油。

2015年夏末，原油库存仍在上升，但价格却已经开始崩溃。2016年初，光是在美国，原油库存就有4.9亿桶，几乎一直保持在近80年来高点，从未减少。这导致市场对未来产生了悲观情绪。

国际能源署（IEA）指出，由于世界各地的原油库存水平都在上升，原油市场可能被"供应过剩所淹没"。此外，该机构还表示，2015年全球新增原油10亿桶，且库存水平保持上升。尽管每年四季度本该是原油库存减少的时候，可是2015年四季度，原油库存水平却在继续攀升。

由于全球原油供应大规模过剩，油价暴跌到了26美元以下。

而更可怕的消息是，全球石油储存空间很快就要被用尽了，这将进一步打击价格。油价跌到了12多年来的最低水平，纽约期货交割地的原油库存也达到了峰值。

2016年2月11日，标普500指数在年内的降幅已达12%，波罗的海干散货指数这一衡量全球干散货运输活动的指数，也创下了290点的历史新低。大宗商品市场交投清淡，彭博商品指数年内下跌了30%。不过，许多资产在2月11日这一天集体见底，并在随后的几周和数月中展开反弹。

欧佩克和俄罗斯为应对原油供应过剩，
同意联合减产，油价随之开始反弹。

趋势反转

2016年2月初，标普高盛商品指数和彭博商品指数这两大主要商品指数均出现了两位数的跌幅。投资者遭受了严重打击，因为2015年对大宗商

品来说，本身已经是一场血洗了。原油成交价低至26美元/桶，铜价低于2美元/磅，甚至连黄金的成交价都跌到了1, 050美元/金衡盎司。而加密货币在当时并没有得到投资者的关注。比特币在2015年的走势非常糟糕，比特币指数BTC/USD位于200以下，直到2016年才出现反弹。

在20多种大宗商品中，黄金是率先出现转机的。金价开始反弹，并且很快就站上了200日均线。从技术上看，未来上涨可期。

面对大规模的原油供应过剩，欧佩克和俄罗斯同意联合减产。这是自2008年以来欧佩克首次同意减产。当年，油价在夏天创下历史新高，并于年末开始崩盘。减产的措施有利于全球石油市场恢复长期稳定。在油价出现反弹之际，令人没有想到的是，美国的页岩油和压裂技术推动美国的原油产量出现提高。有市场人士担心，这只可能延长原油供应过剩的时间，导致油价进一步下跌。

但也有证据表明，由于需求终于出现了回升，原材料库存正在大幅下降。人口发展的趋势支持了这样的观点。在未来几年中，世界人口不断增加，必然需要更多的商品。经典的经济理论和常识都告诉我们，需求的增加和库存的下降，都会带来价格的上涨。

在金价的带动之下，大宗商品价格出现普涨。英国公投脱欧之后，黄金的成交价涨到了1, 380美元/金衡盎司以上，白银也飙升至21美元/金衡盎司以上。原油从2月份的26美元/桶涨到了10月初的50美元/桶以上。糖价从2015年8月的10美分/磅涨到了2016年9月29日的24美分/磅以上。铁矿石、锌、锡、镍和铅的价格在2016年也都出现了两位数的涨幅。而大宗商品市场最乐观的信号莫过于，波罗的海干散货指数从2月份的290点上升到了10月初的915点，涨幅超过215%。

原材料价格似乎已经形成了一个重要底部。作为一种资产类别，大宗商品从2016年的低点到年底，实现了20%以上的涨幅，收益亮眼。在此期间，WTI原油价格翻了倍，涨到了55美元/桶。

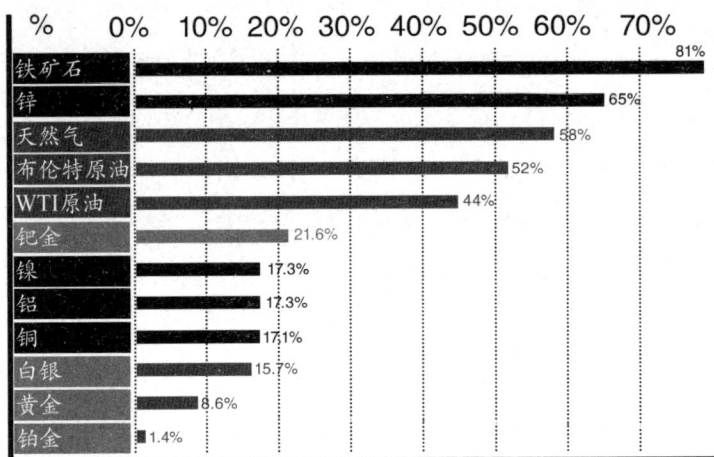

图40：2016年大宗商品价格走势

数据：彭博社，2019年。

原油价格从2009年的低点翻了两倍，大宗商品呈现普涨态势。虽然欧佩克公布，原油库存为1.4亿桶，依然高于五年以来的平均水平，但2017年初开始启动的原油减产，已经让全球石油库存的过剩数量成功减半。2018年5月，欧佩克表示，全球原油供应过剩的情况已经基本得到了缓解。

关键内容

· 原油的"超级期货升水"导致了原油供应大规模过剩，俄克拉何马州库欣的WTI原油库存已达到了最大容量；全世界的原油似乎都储存在超级油轮中，漂浮在大海上。2016年2月，WTI原油从近110美元跌到了26美元下方，跌幅达76%，创2003年以来原油价格的最低水平。

· 2016年，中国股市暴跌，全世界许多国家的股指都随之下跌，进而拉低了大宗商品的价格。然而，大宗商品市场于2016年春天见底。作为一种资产类别，大宗商品实现了亮眼的收益，全年涨幅超过20%。在此期间，WTI原油价格翻了倍，涨到了55美元/桶。

· 2018年5月，欧佩克表示，全球原油供应过剩的情况已经基本得到了缓解。

第四十一章

电气化：电池金属的演变

2017年

埃隆·马斯克和特斯拉（Tesla）正在引领汽车行业的发展趋势：电气化！汽车制造商、市政部门和消费者的需求，将锂基电池的应用推上了新的高度。在大宗商品市场上，不光是锂和钴、铜和镍等传统金属的需求量也都突然出现了大幅上涨。从长远来看，电气化很可能成为大宗商品市场上的"新热点"。

特斯拉会留下来，为电动汽车革命继续战斗。

——埃隆·马斯克（Elon Musk）

2016年为汽车和石油行业敲响了警钟。作为强大的石油输出国组织，欧佩克将其对电动汽车（electric vehicles）的增长预期从2015年的4,600万辆上调至2.66亿辆，涨幅达500%。

如果上述预测成为现实，那么到了2040年，全球石油需求或将下降到800万桶/天。这相当于美国一天的生产量，或全球消耗量的8%。目前，全球每天消耗1亿桶原油，其中75%牵涉到原油运输。

埃隆·马斯克和特斯拉

埃隆·马斯克，1971年出生于南非比勒陀利亚，是太空探索技术公司（SpaceX）、特斯拉和神经链接公司（Neuralink）的创始人兼首席执行官。截至2018年2月，马斯克的个人净资产超过了200亿美元，在《福布斯》财富排行榜上位列全球第53名。2016年12月，他在《福布斯》"全球最具权势人物榜"排行榜上位列第21名。马斯克还创立了贝宝公司（PayPal），该公司于2002年10月被易趣网（eBay）以15亿美元收购。

特斯拉的总部位于加利福尼亚州帕洛阿托，是一家电动汽车、储能锂电池的专业生产商，并通过其子公司太阳能公司（SolarCity）生产太阳能电池板。特斯拉在内华达州雷诺（Reno）附近设有多个电池生产和组装工厂，其最大的汽车制造厂位于加州的弗里蒙特（Fremont）。雷诺的千兆工厂（Gigafactory）主要为特斯拉汽车和储能产品生产电池和电池组。据彭博社报道，在过去12个月中，特斯拉一直在以每分钟8,000美元左右（大约每小时50万美元）的速度烧钱。

2017年，特斯拉生产并销售了10万辆汽车。这或许是一场革命的开端，不过截至目前，电动汽车还没有太大起色。德国汽车制造商宝马（BMW）、梅赛德斯（Mercedes）和奥迪（Audi）共售出660万辆汽车。对于这些老牌汽车公司来说，电动汽车的追赶才刚刚开始。在德国，电动汽车的新车登记量为5.5万辆，其中半数是插电式混合动力车。与德国340

万辆的新车规模相比，电动汽车的份额仅占1.6%；而在德国目前使用中的4,380万辆汽车中，电动汽车的比例就更微乎其微了。

2017年，在热爱汽车的德国，电动汽车占新车登记量的1.6%。然而，据彭博新能源财经（BNEF）估计，到2040年，电动汽车将占全球新车登记量的40%，实现巨大的增长！

根据国际能源署的《2018年全球电动汽车展望》报告，目前，中国在全球电动车市场中占有一半的份额。2017年，中国销售了57.9万辆电动汽车，同比增长了72%。同时，2018年，全球电动客车库存超过了300万辆。

但与更远大的发展前景相比，这只不过是沧海一粟。因为，根据宝马公司的研究数据，全球汽车保有量有可能达到12亿辆左右。2018年，全球客车销量预计将超过8,100万辆。与中国一样，在汽车的生产和销售方面，美国也是全球最大的汽车市场之一。

因此，随着汽车制造商开始将其业务拓展到电动汽车领域，一切都将水到渠成。据彭博新能源财经估计，到2040年，全球电动汽车在新车注册量中的渗透率将达35%至40%。

在大宗商品市场上，这可能预示着一场雪崩的开始，因为电动汽车需要额外的原材料。例如，投行瑞银和彭博新能源财经所做的研究表明，到2040年，全球对石墨、镍、铝、铜、锂、钴和锰的需求将明显过剩。而其他商品，如原油、钢铁、铂金和钯金等，则将受到不利影响。

钴和锂的价格目前正处于牛市当中，它们都是生产不同类型电池所必需的原材料。几年前，锂基电池刚刚投入商业应用。现在，几乎所有的移动设备中都有它们：笔记本电脑、智能手机、电动工具和汽车等等。美国和中国的千兆工厂已经升级。受规模经济和范围经济的影响，电池价格也在下降。

图41：2012—2018年钴价走势

数据来源：彭博社，2019年。

对大宗商品市场来说，电气化的大趋势
有可能成为巨大的需求来源。

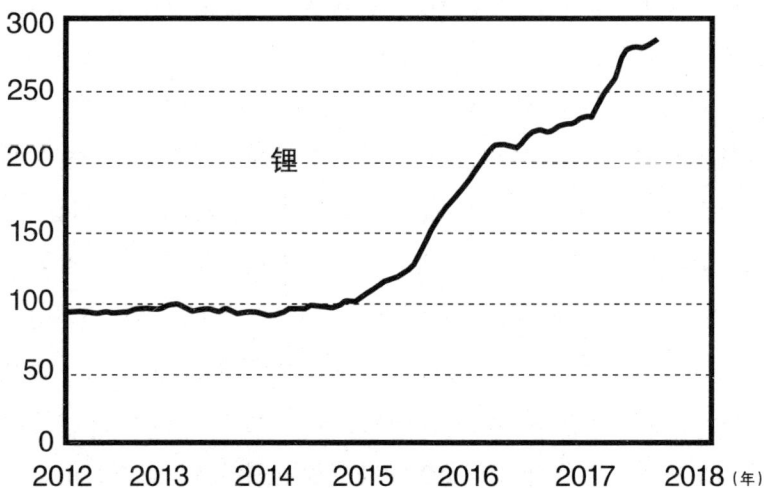

图42：2012—2018年基准锂价指数

数据来源：基准矿业情报机构，2019年。

虽然特斯拉有可能会丧失其在电动汽车领域的领导地位，但是，埃隆·马斯克的确掀起了一场电气化和新能源革命。这是一场对人类有益的革命，而且对大宗商品市场的发展也有好处。

汽车行业的电气化是人类的巨大进步，但也只是冰山一角。储存能源的能力，是替代能源（风能、太阳能和水能）生产中所缺失的环节。到2025年，家用分散型储能装置，如电力银行和电力墙，可能会比汽车行业锂基电池更加普及。这个市场的规模要大得多，并有望实现更高的增长！

关键内容

· 随着电池生产厂如雨后春笋般涌现，锂和钴等电池金属迎来了牛市。2017年，钴的价格从2.5万美元/吨翻了两番，涨到了10万美元。

· 埃隆·马斯克和特斯拉引领着电气化发展的大趋势。尽管今天电动汽车的销量还微不足道，但是据行业估计，到2040年，电动汽车将占全球新车注册量的40%。我们或许正在见证一场革命的到来。

· 电动汽车的发展是电气化革命的第一步。而储存能源的能力，是替代能源（风能、太阳能和水能）生产中所欠缺的一环。

· 从长远来看，电动车和储能设备有可能成为大宗商品市场上的新热点。因为不仅锂和钴的需求在增长，铜和镍等传统金属的需求也在增长。

第四十二章

加密货币：比特币和新兴电子货币热潮

2018年

比特币（Bitcoins，BTC）诞生于2009年，是第一种现代加密货币。2008年，化名为"中本聪"的作者在白皮书中对比特币进行了描述。2017年，比特币价格开始暴涨，从1,000美元以下涨到了20,000美元之上，吸引了全世界的目光。在一波惊人暴涨之后，比特币于2018年暴跌了80%，成为史上最大的金融泡沫，甚至连17世纪荷兰郁金香狂热都相形见绌。尽管经历了大起大落，比特币依然未来可期。其底层区块链技术不仅揭示了比特币的未来潜力，而且已经开始改变我们的日常生活。

比特币/区块链是即将发生的下一次重大科技革命。

——斯蒂夫·"沃兹"·沃兹尼亚克（Steve "Woz" Wozniak），

苹果公司联合创始人

在所有关于"泡沫"的呼声中，我们应该牢记的是，现在比特币正处于被全世界接纳的初期阶段，同时也是区块链技术发展的初期阶段。

——阿里·保罗（Ari Paul），《福布斯》杂志

报应来得真快。2018年4月1日，数据货币公司Centra Tech的联合创始人罗伯特·法卡斯（Robert Farkas）正准备登上飞机离开美国时，被美国当地警方逮捕。就在半年之前的2017年9月，著名拳击手弗洛伊德·梅威瑟（Floyd Mayweather）在社交媒体上分享了自己奢侈生活的照片。照片上，他正在比弗利山庄的高档商店，用Centra Tech借记卡里的钱购买奢侈品。

法卡斯曾与Centra Tech的另一位联合创始人苏拉布·山姆·沙玛（Sohrab Sam Sharma）声称，将推出Visa和Mastercard联名借记卡，让人们可以将加密货币兑换成美元，用于日常购物。而美国证券交易委员会却断言，Centra Tech公司与这两家信用卡公司完全没有关系。法卡斯和沙玛不仅虚构了公司高管，伪造了虚假履历，还花钱请名人在社交媒体上为即将进行的首次代币发行（ICO）造势，宣传一夜暴富。这种不受监管的发行过程，让初创公司可以通过发行新的数字货币，换取真金白银。两人从投资者那里总共骗到了约3,200万美元的资金。

在2018年加密货币和ICO市场上，Centra Tech诈骗案只是众多骗局之一，且涉案金额还不到其他ICO骗局的零头。在越南加密货币公司Modern Tech的诈骗案中，涉案金额就高达6.6亿美元。

目前，加密货币技术的发展仍处于初级阶段。对于公司来说，通过ICO融资，比通过传统的上市（IPO）融资更受欢迎，流行程度也更高。ICO快速成为一种更加重要的资金来源，比与风投公司无休止地谈判更受人青睐。但是，它也有不好的一方面。快速发展的市场机遇，总是会吸引许多骗子和害群之马，这也是发展过程中无法回避的一部分。

比特币诞生于2009年，今天的市场上已经出现了2,000多种代币。

2018年12月，对于刚发展不到十年的新兴行业来说，仍然处于拓荒时期。2008年11月出现了一份白皮书，对比特币进行了详细介绍。2009年1月，化名为"中本聪"的白皮书作者首次将比特币作为开源软件予以

发布。比特币成为众所周知的第一个去中心化的加密货币。最初，它是作为一种去中心化的替代支付方式出现的。从那时到现在，市场上出现了超过2,000种不同类型的代币。就像十年前的文件交换网站纳普斯特（Napster）一样，这种代币体系是在不受央行监管的情况下，让用户可以不通过中介，直接进行点对点交易。区块链技术为加密货币提供了背后的支持，它正快速成为海量点对点交易的创新平台。

区块链是一个受加密保护的分布式账本，它可以保护你或其他人，让你刚买的那个比特币不被复制。事实上，任何你能想到的事情，都可以利用区块链来进行管理。从跟踪土地和房地产所有权，到我们对药品的分销方式，再到我们授予证书和文凭，无所不包。这些想法中有一些是很好的，还有一些则比较荒唐。

数字资产、加密货币和令牌

数字资产是任何以二进制格式存在、并附带使用权的东西。而"加密货币"一词，是指满足标准纸质货币（法币）特征的虚拟货币，具备价值储存、账户单位、可替代等特征，例如比特币、以太坊的以太币、瑞波网的瑞波币等。请注意，以太坊和瑞波网是指底层区块链，而不是其加密货币。与加密货币类似，加密令牌也是建立在区块链技术之上的。

加密货币是最常见的代币形式，但加密令牌体现的则是更广泛的区块链价值。区块链价值体现在许多方面，比如从加密货币、会员积分，甚至包括基于区块链的各类资产。

例如，以太坊就是一种基础区块链，好几种令牌的服务和产品都是在该平台上进行开发的。对于投资而言，了解清楚加密货币和加密令牌之间的区别，是很重要的。例如，加密货币的价值在于，它成功地保持住了货币的特征。而加密令牌的价值则取决于一系列不同的因素，例如采用的协议及其稳健性等。

加密货币的设计初衷，是为了在传统法币之外，提供另一种去中心化的替代支付方案。即便是在2017年12月，比特币价格处于历史高点时，比特币加上十年间出现的所有加密货币的价值总和，仅占美元、欧元、英镑或日元等实物货币的很小一部分。从数量上看，比特币仍然是迄今为止规模最大的加密货币，其次是以太币、瑞波币和达世币（dash）。2018年，前500种加密货币的总市值为5,000亿美元，其中比特币占比三分之二。而流通中的美元纸币供应量为1.5万亿，由此可见，加密货币与美元总供应量相比微乎其微。其次就是实物黄金，如果不考虑其在货币市场市值的话，黄金的流通市值估计为8万亿美元。所有法币加起来共计为83万亿美元，这其中既包括所有流通的实物货币，也包括电子货币，即虚拟货币。

另一个重要因素是集中持有的程度。40%的比特币由大约1,000个账户集中持有。根据加密对冲基金Tetras Capital的联合创始人亚历克斯·桑纳伯格（Alex Sunnarborg）的说法，前100名大户集中持有了17.3%的比特币。这一点很重要，因为加密技术所设计的比特币多达2,100万个。比特币是通过"挖矿"挖出来的，比特币交易在经过验证之后，会被记入公共账本。目前，大约每10分钟就会增加一个比特币。至于以太币，前100名大户集中持有了40%的供应量。其他规模较小的加密货币，排名靠前的大户集中持有比例为90%以上，因为在他们当中，有许多人本身就是运营这些虚拟货币项目的团队成员。

比特币不只是数字货币。

比特币最开始是以数字货币的形式，进入了人们的视野。因此，后来出现的莱特币和以太币等竞争者，同样也是这样被定义的。它们当中，每一种数字货币都在某些方面与传统货币有所相似：都是经济价值的抽象体现，也都可以交易。但它们都缺乏作为货币最基本的功能，那就是作为交易媒介的相对稳定性。这其中的阻力太大了。每笔交易都需要花很长时间，耗费大量精力，还存在许多风险。

比特币最大的问题其实已经出现了。由于购买和持有比特币的机制非常麻烦，几乎所有人都花钱委托第三方来处理这些事宜。这些钱包服务中间商，成为整个体系的问题所在。黑客入侵令他们的系统瘫痪，政府和监管部门也要求他们如实上报所有可能由匿名用户完成的虚拟货币交易。

Mt. Gox黑客谜案

2010年，杰德·麦克卡勒伯（Jed McCaleb）创建了Mt. Gox平台，他也是后来瑞波币的开发者。2013年，位于东京涩谷的Mt. Gox平台，已经发展成为全球最大的比特币交易所，处理着全球70%以上的比特币交易。2011年6月，马克·卡佩雷斯（Mark Karpelès）收购Mt. Gox交易所时，发生了第一次黑客入侵，导致2,000个比特币被盗。

此后，Mt. Gox交易所启动了一系列安全措施，对大量比特币做了下线和冷藏处理。随后，美国国土安全部开始对Mt. Gox的许可证展开调查，并没收了500多万美元，导致Mt. Gox不得不宣布暂停美元提款业务。但这还不是最大的问题。事实上，Mt. Gox两年多以来，一直都在反复遭受黑客攻击。

2014年2月，Mt. Gox暂停了比特币交易，关闭了网站和交易所，并在日本和美国同时申请了破产保护，不久后便启动了清算程序。它还宣布，属于客户和公司的约85万个比特币不翼而飞（现时价值高达42亿美元）。虽然最终找回了20万个，但剩下65万个依旧无影无踪。

2015年8月，杰德·麦克卡勒伯在日本被捕，被控欺诈和挪用公款，以及操纵Mt. Gox的计算机系统以增加账户余额。美国当局对被盗的比特币进行了追踪。2017年7月，亚历山大·文尼克（Alexander Vinnik）在希腊被捕，罪名是参与了Mt. Gox案件被盗比特币的洗钱。据称，文尼克与大型比特币交易所BTC-e有牵连。作为调查的一部分，FBI也对BTC-e交易所进行了突击检查。目前，BTC-e网站已经关闭，该域名也被FBI查封。但是，截至目前，依然没有找到失踪的比特币。

一个比特币的合理价格应该是多少？1美元还是10万美元？今天的部分金融分析师认为，比特币不具备任何内在价值。一些经济学家提到了费雪方程，根据目前比特币的总量、角速度和交易量，将比特币的现值锁定在20到25美元。但值得指出的是，在这个方程中，与比特币价值现状无关，而是与技术和应用的未来潜力有关。而且，目前看来，区块链技术的应用并未受到任何限制。

2010年5月，拉斯洛·汉耶兹在佛罗里达州的
杰克逊维尔市，用10,000个比特币买了两个比萨饼。
这是世界上第一笔真实的比特币交易。

由于巨大的价格波动，比特币在2017年成为金融圈的热门话题。想当年，比特币在《龙与地下城》或《魔兽世界》游戏中首次推出时，一个才值几美分而已。2010年5月22日，拉斯洛·汉耶兹（Laszlo Hanyecz）在佛罗里达州的杰克逊维尔市，用10,000个比特币买了两张比萨饼，每个比特币价值仅为0.003美元。而一年之后，在2011年春天，比特币已经与美元等值了。六年之后，2017年12月17日，比特币首次超过了20,000美元。

2010年5月，比特币的交易价格仅为0.003美元，
而到了2017年12月，比特币已经值20,000多美元了。

与此同时，芝加哥商品交易所（CME）也于2017年12月推出了比特币期货。一场疯狂的投机泡沫就此拉开了序幕。比特币不再是小众的电子钱包，而是变得更加商品化，成为面向广大投资者的主流交易品种。此前，

比特币及其他加密货币只能在Bitfinex、Kraken或OKCoin等专业交易所进行交易，而且投资者必须通过电子钱包，才能将美元或欧元兑换成比特币。反过来，比特币则可以与其他任何加密货币进行直接兑换。在两周时间之内，比特币就从12月的高点跌到了6,000美元以下。

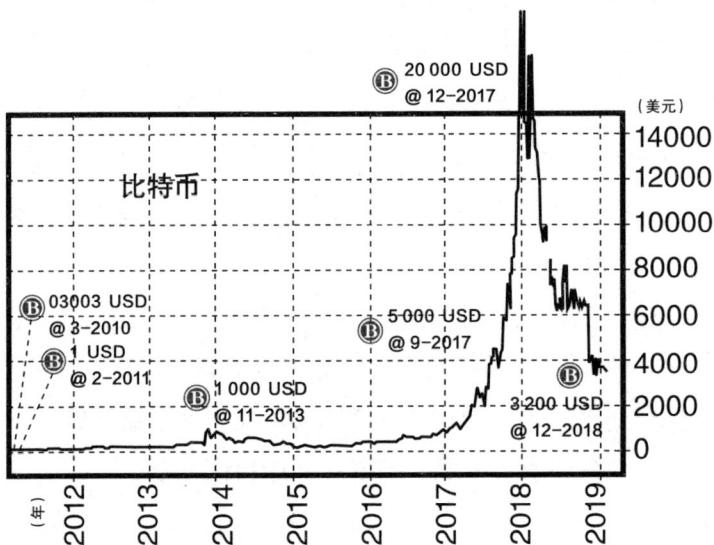

图43：2017年，比特币价格连续突破了1,000、5,000和10,000美元大关，最终涨到了20,000美元

数据来源：彭博社，2019年。

2018年12月，比特币跌破了3,500美元，创下13个月以来的新低，而后逐步企稳。比特币的下跌也引发了投资者对以太币、莱特币和瑞波币等其他加密货币的抛售。比特币在6,000至6,500美元区间盘整了数月。与2017年12月的峰值相比，此时比特币及其他加密货币的市值已经缩水了7,000多亿美元。

监管部门的关注也起了作用。美国证券交易委员会宣布，将对两家进行了ICO却未进行证券登记的公司进行处罚。此外，美国司法部还在调查，在去年比特币的暴涨中，是否存在市场操控行为。

正如诺贝尔经济学奖获得者罗伯特·席勒（Robert Shiller）在其著作

《非理性繁荣》（*Irrational Exuberance*）中指出的那样，当你本身也置身于泡沫之中时，你是无法发现泡沫及其破灭时间的，只有在泡沫破灭之后，你才会知道。但是，比特币从2011年之前不到1美元开始一路暴涨，而后又从2017年的最高点暴跌了近80%，我们能够得出结论：比特币的炒作是史上最大的金融泡沫！甚至连17世纪荷兰郁金香狂热都相形见绌，虽然郁金香狂热超过了此前发生的所有金融市场泡沫，如密西西比泡沫、南海泡沫、大萧条和黑色星期五破灭前的股市上涨等等，也超过了最近发生的互联网泡沫以及2008年世界金融危机爆发前的股市反弹。

或许，这些事实能够安慰投资者，证明并非只有加密货币才会出现80%的暴跌。在过去的五年中，比特币的价格经历了三次腰斩，16次25%以上的大跌，直到2018年才涨到最高点。回顾过去，互联网泡沫中产生的损失，需要多少年才能涨回来？如果是纳斯达克综合指数，大概平均需要15年左右的时间！而加密货币的反弹速度则要快得多。

2013年对比特币来说是艰难的一年。
Mt.Gox事件几乎让加密货币从此绝迹。

从下跌幅度看，2013年比特币的崩盘几乎与2018年时同样血腥。当时，比特币价格从几美元暴涨到1,200多美元，而后崩盘。2013年4月，比特币价格一夜之间从230美元跌到了67美元，在12小时之内大跌了70%，而后花了七个月的时间，才重新涨回到暴跌之前的水平。4月之后，比特币价格一直在100—120美元之间徘徊。下半年，价格突然又飙升至1,200美元。到了12月份，价格又再次出现腰斩。

2013年12月，Mt.Gox的丑闻让比特币突然从880美元跌到了500美元附近，跌幅接近50%，让漫漫反弹路变得更加艰难。直到次年1—2月，比特币才开始企稳回升。

2013年到2014年，比特币价格出现的大幅波动，是交易活跃的一种表现。币圈有自己的"黑话"，也就是币圈爱好者自己发明的一种特殊语言。术语"HODL"可能是其中最具代表性的。2013年，比特币经历了一次暴跌。一个名叫GameKyuubi的用户在比特币论坛上发表了一篇"我就不卖"（I AM HODLING）的帖子。他显然是喝醉了，才将"HOLD"拼成了"HODL"。这位用户在帖子里想表达的意思是，尽管价格急跌，但他还是坚决持有，绝不卖出。后来，这个帖子火了。#HODL成为"死捂不卖"（Hold On for Dear Life）的意思。这是长线投资者都能理解的一种交易策略。

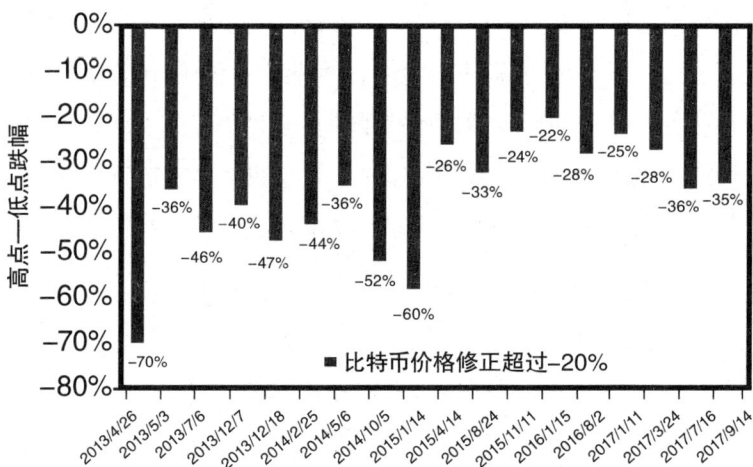

图44：2013—2017年比特币价格调整情况

数据来源：Coindesk.com。

#HODL.死捂不卖

今天，币圈的黑话越来越多，有许多新词和短语的含义，已经完全超出了传统的意思，比如"mooning"（涨到月球）、"fudding"（恐惧、不确定和怀疑）、ADDY（公钥地址）、JOMO（踏空之乐）、BTFD（暴跌抄底）等等，不胜枚举。然而，HODL依旧是到目前为止最流行的一个，也是几乎所有币圈投资者都家喻户晓的一个。

2018年，反洗钱政策以及中国对加密货币及 ICO的禁令对比特币产生了重大影响。

该如何解释比特币的惊人上涨和泡沫破灭呢？最初，比特币的创建是为了对价值进行重新分配，将钱从银行及其他金融机构转移到个人身上，让任何人都可以充当银行，提供支付或贷款服务。但是，比特币及其他加密货币也存在洗钱和资本外逃的漏洞。由于法律监管水平较低，加密货币也渗透进了影子经济当中。2017年，针对逃税者制定的自动信息交换规定，引发了最后的恐慌。新系统会向账户持有人所在国的税务机关提供非居民金融账户信息，并于2017年9月完成了首次数据交换。在100多个司法管辖区中，绝大多数国家是从2018年1月1日起开始实施该规定的。

2018年五大加密货币亿万富翁

1. 克里斯·拉森（Chris Larsen），57岁，瑞波公司联合创始人，拥有52亿瑞波币，现时价值为80亿美元。

2. 约瑟夫·卢宾（Joseph Lubin），53岁，以太坊联合创始人，个人资产估计为10亿—50亿美元。

3. 赵长鹏，41岁，全球最大加密货币交易所币安（Binance）创始人兼首席执行官，个人资产估计为1亿—2亿美元。

4. 卡梅隆和泰勒·温克艾沃斯兄弟（Cameron and Tyler Winklevoss），36岁，比特币早期投资者，2015年Gemini交易所的创始人，其个人资产估计为9亿—11亿美元。

5. 马修·梅隆（Matthew Mellon），45岁，瑞波币早期投资者，个人资产估计为9亿—10亿美元。

数据来源：《商业内幕》，2018年。

利用比特币实施资本外逃，也让中国政府深感担忧。通过购买比特币，中国人可以将国内资金转移到国外。2017年9月，人民币对比特币的交易占所有比特币交易的90%以上。中国政府不允许用人民币购买加密货币，甚至对国内两家最大的加密货币交易所火币网和OKCoin平台的高管实施了限制出境。此外，中国的监管部门还对ICO实施了禁令，并于2017年9月宣布，代币发行融资在中国属于非法行为。火币网被迫将其业务转移至新加坡，而OKCoin则更名为OKEx，并搬到了马耳他。于是，许多中国人干脆将他们的比特币转移到了今天的离岸交易所继续交易，这种情况一直持续到2018年2月。

2018年2月，中国央行（PBOC）宣布，"将阻止对所有国内外加密货币交易所和ICO网站的访问"，还禁止了所有与加密货币相关的活动。政府并不是在虚张声势。2018年4月，天津警方突击检查了一个大型比特币挖矿场所，没收了600台矿机。

> **2018年对于比特币和区块链来说还是发展初期，就像1992年的互联网一样。要充分发挥加密货币的全部潜力，至少还需要十年时间。**

中国政府成功实施了更加严格的资本管控措施，禁止了比特币交易和ICO，并通过其如长城般强大的防火墙，保护中国人民免受不良影响。

同时，区块链技术及其应用也在发展。2018年，苹果公司的联合创始人斯蒂夫·沃兹尼亚克（Steve Wozniak）曾表示："10年之内，区块链和加密货币将发挥出其全部潜力。"而推特（Twitter）的首席执行官杰克·多尔西（Jack Dorsey）也表示，比特币将成为全世界的"统一货币"。但摩根大通的首席执行官杰米·戴蒙（Jamie Dimon）认为，"比特币就是一场骗局""比特币长久不了""比特币没有未来"。从2014年到2017年，他的这种看法经常被人引用。而在2018年，杰米·戴蒙为自己称"比特币是骗局"的言论公开道歉，但依旧不看好比特币的前景。与此同时，在2018年初，摩根大通的顶级竞争对手高盛宣布，为满足客户的大量需求，将设立专门的加密货币交易台。

像区块链这样的分布式账本技术，目前正处于发展初期，就像1992年的互联网一样，拥有着巨大的潜力。但是，其发展过程也难免经历一些波折和麻烦。每一种新技术想要取得成功，都必须经历一个爆炸式增长的过程。在这个过程中，我们会尝试将新技术应用于一切领域，直到经过时间的检验，找到其最佳应用和自身局限。20世纪90年代末，对互联网公司的股票投资就像过山车，许多最先投资互联网的人，最终都一败涂地了。而互联网的真正影响在几十年后才得以显现，彻底改变了电子商务和社会发展的未来。

随着时间的推移，区块链技术的潜力会逐渐发挥出来。就像互联网泡沫一样，在比特币热潮中，无论支持哪一种代币，就和在轮盘赌中押注"红色27"是一回事。由于现在还为时尚早，且结果有很大不确定性，根本不能确定谁会成为最终赢家。

然而，数字革命正在上演，经济格局将发生颠覆性变化。虽然加密货币在早年曾发生过一些案件和非理性繁荣，但是代币和区块链技术已经开始改变我们的世界了。这些新技术广泛应用于房地产、物业、银行和金融服务以及医疗保健等领域，具有无限潜力，只有互联网和手机应用的发展能够与之相提并论。或许，我们正在经历的，只是代币经济的萌芽阶段，其前景是非常光明的。

关键内容

· 比特币诞生于2009年，是一种去中心化替代支付方案。今天，代币的种类已经超过了2,000种。

· 十年来，比特币的价格从2010年的0.003美元上升到2011年的1美元，并于2017年涨到了1,000美元。2017年12月，比特币涨到了20,000美元，但在几周内，就暴跌了近80%，于2018年12月跌到了3,500美元下方。

- 大起大落的比特币成为金融史上最大的泡沫，甚至连1637年荷兰的郁金香狂热都相形见绌。

- 2017—2018年比特币的大涨大落，与中国对加密货币和ICO的禁令，以及100多个国家实施的账户信息自动交换等反洗钱措施有关。在颠覆性新技术的发展初期，的确容易出现害群之马和欺诈案件，许多ICO确实就是骗局。

- 对于比特币和区块链应用来说，目前还处于发展的初期阶段。要想发挥其真正潜力，还需要十年时间。但在今天看来，其应用发展具有无限的潜力。

未来展望：迎接新周期和新时代的曙光

　　21世纪20年代，大宗商品和加密货币市场处于新一轮牛市的起点。2016年之前，大宗商品投资者经历了长达五年的痛苦熊市。2015年，衡量原油、黄金、铜、小麦和玉米等22种大宗商品表现的彭博商品指数录得25%的年度跌幅。而市场情况还在继续恶化：2016年1月，大宗商品市场的成交量又下降了7%。彭博商品指数跌至1991年成立以来的最低水平。自2014年春季以来，投资者的资金几乎已被腰斩。尤其是黄金和白银的投资者，遭受的打击尤为突出。美国证交所金甲虫指数（Arca Gold BUGS Index）和费城金银指数（Philadelphia Gold and Silver Index）跌回了2000年初的水平。当时，黄金价格仅为260美元/金衡盎司。

　　从2011年夏天到2016年初，投资者眼睁睁看着自己80%的本金打了水漂，而同期的黄金成交价从1,900美元/金衡盎司上方跌至1,050美元/金衡盎司，跌幅达45%。矿业总体受到了很大影响。自2008年大宗商品超级牛市周期见顶以来，纳入MSCI世界金属和矿业指数的上市公司的市值下跌了80%以上。全球最大的矿业和商品贸易公司嘉能可的股票成交价在2015年9月跌到了67英镑，从其2011年的历史最高价来看，投资者损失超过了80%。与其2011年5月上市当日的收盘价527英镑相比，股东的损失更是接近90%!

　　股市的暴跌，将矿业上市公司的信用违约掉期（credit default swaps）收益率推上了天价。例如，嘉能可2019年到期、收益率为2.5%的债券，在3个月之内从面值1美元跌到了75美分，跌幅25%，相当于将其信用违约掉期的到期年化收益率提高到17%以上。自由港麦克莫兰铜金公司、泰克资源公司、第一量子、伦丁矿业等矿业大盘股也都是如此。投资者预期，整个矿产行业都会走向破产。

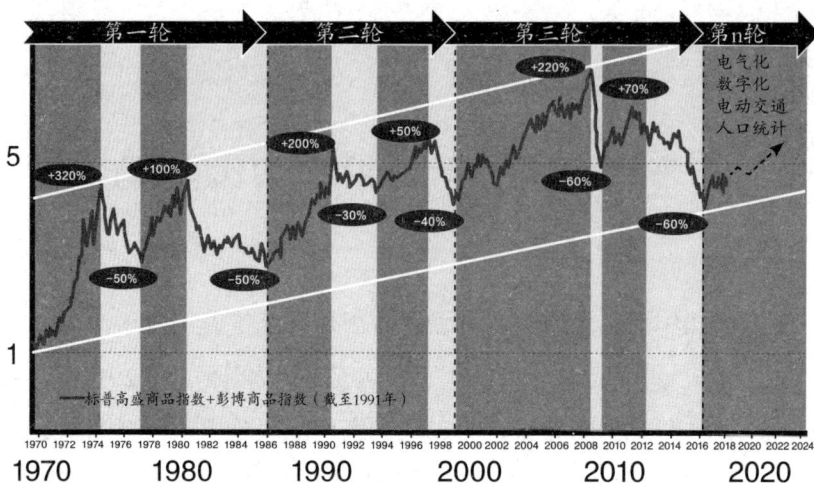

图45：大宗商品市场50年来的起伏。我们是否看出，2016年初是超级大牛市的开端？

数据来源：彭博社，2019年。

回顾过去，我们见证了2016年初的低迷水平。然而，在大宗商品刚刚出现反弹时，投资者胆子越大，谁赚得越多。与2016年1月相比，金矿的价值在短短半年之内就翻了两倍，金价也大涨了30%。嘉能可的股价涨到了接近300英镑，与几个月前的低点相比，价格翻了四倍。

就在大宗商品市场崩盘、矿业公司市值蒸发的同时，全球股票和债券市场却迎来了生命中的高光时刻。MSCI全球指数在经历了2008—2009年金融危机期间近60%的跌幅之后，开始稳步上涨。美国的道琼斯指数和标准普尔500指数在2016年底均处于历史高位，而且一直涨到了2018年1月。与此同时，美国十年期债券收益率跌到了1.5%以下，欧洲的德国十年期国债甚至跌为负值。债券投资者每天早上一睁开眼睛，就知道他们的派对永远不会散场。

通过观察标普高盛商品指数（S&P Goldman Sachs Commodity Index）和标普500指数（S&P 500），判断股票和大宗商品之间的长期关系，可以发现一个惊人的事实：两者的估值是正好相反的。与股票相比，自从中国推动的大宗商品超级周期破灭以来，大宗商品市场的表现一直乏善可陈。这种情况与15年前的互联网泡沫颇为类似。Alphabet公司（谷歌）今天的估值，相当于MSCI世界金属和矿业指数当中，所有公司（180多家公司，包括必和必拓公司、力拓集团、嘉能可、淡水河谷、巴里克黄金和纽蒙特矿业等）的总市值。人们可能不禁会问：什么价格算便宜，什么价格算贵？

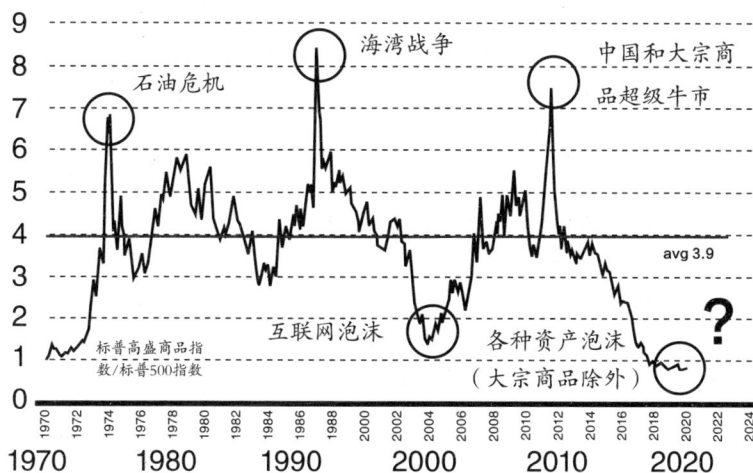

图46：大宗商品和股票的估值对比。买入大宗商品吧！

数据来源：彭博社，2019年。

所以，在经历了五年的痛苦熊市之后，大部分投资者没有注意到2016年大宗商品市场上涨了15%，也不足为奇。从年内低点开始，彭博商品指数、标普高盛商品指数和罗杰斯国际商品指数等大宗商品市场指数的涨幅都超过了25%，超越了股指的表现。此外，金属、采矿业、石油天然气在欧美股市各板块中表现也很亮眼。不过，基金经理的调查显示，投资者对资源类股票敬而远之的趋势还将持续。

撇开近几年不谈，投资者可能会想到一些至今仍处于供过于求的大宗商品。但是，从商品超级周期繁荣之后的供需不平衡来看，至暗时刻已经过去了。对矿业、石油天然气行业的投资削减，将在2020—2030年产生严重后果。届时，自然资源日渐枯竭，同时勘探和开发支出也相应减少。大宗商品市场的基本面刚刚有了起色，从技术面看，大宗商品的价格也见底了。2016年4月，200日均线上移，释放出未来大宗商品市场看涨的第一个积极信号。

总之，2016年可能成为新一轮大宗商品牛市的起点。这一波牛市可能长达数年，体现出全球矿业发展的健康前景。在未来几年中，电动汽车的电池金属、电动交通以及包括加密货币在内的数字化等新趋势，将成为推动生产力发展、经济增长和大宗商品市场牛市繁荣的重要和巨大动力。电动汽车不需要汽油或柴油，但对黄金、铜、镍、钴、锂和稀土的需求却在急剧增加。如果这种情况成立，我们现在见证的，将是一波新牛市周期的起点，其规模之宏大，只有近20年中国经济的腾飞可以相提并论。这也是区块链和比特币走向成熟阶段的开端；随着早年繁荣成为历史，区块链技术应用的未来正在到来。

后 记

股市和大宗商品市场的涨跌走势往往是相反的。

——吉姆·罗杰斯（Jim Rogers），量子基金联合创始人兼大宗商品专家

让我们对2001年稍做回顾。当时，一桶原油的平均价格是26美元。铜价在一年中从1,800美元/吨跌到了1,400美元/吨以下。金价在255至293美元/金衡盎司之间震荡，并在人类进入现代社会之后，首次试着摸高至300美元/金衡盎司。

小麦和玉米的平均价格分别为2.70美元/蒲式耳和2.08美元/蒲式耳。在"9·11"事件中，美国的世贸双子塔和五角大楼遭遇恐怖袭击，造成约3,000人丧生，成为当年的悲剧之最。尽管2011年，基地组织头目奥萨马·本·拉登（Osama bin Laden）在美国的军事行动中被击毙，但"9·11"事件发生距今已近20年，全球反恐怖战争却仍然没有取得胜利。共和党的乔治·布什（George W. Bush）接替了民主党的比尔·克林顿（Bill Clinton），成为白宫的主人。15年之后，共和党的唐纳德·特朗普（Donald Trump），又从民主党的巴拉克·奥巴马（Barack Obama）手中，接过了总统之位。愤世嫉俗的观察家们注意到了，"9·11"已然被"11·9"所取代，因为在这一天，特朗普当选了美国总统。

2001年，大宗商品作为专业人士认可的一种可投资资产类别，仍处于发展初期。彭博商品指数是用来衡量大宗商品市场表现的指标，其前身是1998年创建的道琼斯-AIG商品指数。随着耶鲁大学和哈佛大学等机构纷纷开始研究捐赠基金的投资策略，作为股票及债权等传统投资的补充，另类投资也开始逐渐流行起来。2005年，加里·戈登（Gary Gorton）和哥特·罗文霍斯特（K. Geert Rouwenhorst）一起出版了《商品期货的事实和幻想》（*Facts and Fantasies about Commodity Futures*），进一步巩固了大宗商品作为全球资产配置组成部分的地位。

2001年底，中国加入了世界贸易组织（WTO），中国经济开始快速增长。几年之间，中国已经成了全球商品需求的主导因素，大宗商品的超级牛市周期由此诞生。

原油涨到了147美元/桶，铜价超过了10,000美元/吨，黄金站上了1,900美元/金衡盎司，小麦和玉米分别飙升至9.50/蒲式耳和8.40美元/蒲式耳。但是，在全球金融危机之后，全球经济连年疲软，狂喜过后剩下的只有萧条。2008年是全球资本市场的恐怖之年，不论是股市还是大宗商品市场，全都下跌了50%以上。此后，大宗商品市场经历了长达五年的严重熊市。

2020年，我们见证了新一轮大宗商品牛市的起点，见证加密货币市场的日渐成熟。大宗商品的超级牛市周期的已经结束，各类投资资产的价格多年来首次出现回升，大宗商品市场的表现强于股市。原油价格在2016年春天见底，从26美元/桶的低点上涨了近两倍。铜的成交价超过了6,000美元/吨。黄金涨到了1300美元/金衡盎司。农业板块，小麦和玉米价格平均为4.80/蒲式耳和3.60美元/蒲式耳。从技术面看，市场已经在2016年完成筑底，因为指数已经站上了200日均线，并于2017年走出了牛市形态。尽管如此，2019年初，大多数商品的成交价仍然远远低于其中长期平均价格，而比特币则处于筑底阶段。

如今看来，2016年就是大宗商品市场的转折点。市场基本面开始改善，价格出现普涨，为新的牛市周期扫清了障碍。

本书的42个章节说明了两点问题。首先，商品市场投机并不是在最近十年中发明的，而是自古就有。其次，在20世纪80—90年代，大宗商品逐渐淡出了投资者的视线；但在20世纪70年代却经历了价格暴涨。从17世纪荷兰的郁金香狂热到21世纪比特币的神奇涨跌，许多章节中所描述的历史事件均表明，产品供给和需求在短期出现严重失衡，可能会对相关的大宗商品市场产生巨大影响。其真正的经济后果不应该被低估，因为与股票、债券、货币不同的是，商品是真实的资产。比如，非洲粮食价格过高引发了政治动荡和政权倒台；又比如，超低的油价破坏了委内瑞拉和巴西的国内稳定。

郁金香和比特币之所以被联系了起来，是因为二者都是史上最大的金融泡沫，尽管两个事件相隔了近400年。在此期间，国际市场和风险事件带来了关于大宗商品市场的40个奇妙故事。时间之轮还在转动，由于大宗商品市场存在周期性，极端事件注定还会发生，尽管形式可能会有所不同。每个细分商品市场都会在贪婪和恐惧的驱使下走向极端，更何况大家都知道，资本市场是不长记性的。

本书中总结的泡沫事件，是为了呈现大宗商品和加密货币市场上的兴衰更替。除了展现极端的价格波动，本书还希望向读者展示，对于决定一个人命运的投机、收益和亏损，业内人士是如何看待的。大宗商品价格飙升的程度之深，速度之快，就连长线投资者也会感到震惊。将数百年中发生的商品市场事件串联起来，既能体现历史的相似性，又能为包括区块链和比特币在内的未来发展做好准备。

致　谢

根据我从2003年至今的学术研究，以及在大宗商品市场的工作经历带来的一手经验，我写了这本书。

我想感谢在德意志银行工作期间，克劳斯·马蒂尼（Klaus Martini）对我的指引和鼓励，他让我开始关注Bre-X公司的故事。感谢约亨（Jochen），不光因为帮我写前言，还因为他对大宗商品市场（和意大利葡萄酒）也拥有同样的热情。感谢托马斯（Thomas），很庆幸能与他在慕尼黑相遇，是他将贵金属和加密货币的波动联系起来的。

感谢所有支持我、认可我、与我分享看法的人。感谢萨沙（Sasha）与我分享他对原油的见解，以及20世纪70年代石油危机对苏联的影响。感谢瓦列里（Valery）提出了关于区块链和比特币的新观点。

感谢我的母亲。我将这本书献给她，以表达我对她的爱和永远的感激。如果没有她，这一切都不可能发生。

感谢我的妻子艾琳娜（Alina），感谢她的爱与支持。我永远都记得她的结婚誓言，她说她会用心去读我的每一本书，包括用德语写的。

最后，我想感谢得克萨斯州绿叶图书集团（Greenleaf Book Group）的出版团队，感谢他们的鼎力帮助和支持。我要特别感谢丹宁尔（Daniel）将好消息带到了意大利的马久里湖；感谢珍（Jen）的管理和灵活安排；感谢林赛（Lindsey）的校对；感谢玛丽安（Marianne）的润色；感谢切斯（Chase）的精心设计。感谢我在圣巴巴拉的编辑琼（Joan），感谢她阳光的心态和各种好点子。

术语表

Addy	"**地址**"一词的简写，通常指公钥或加密货币钱包的地址。比特币地址是用来发送和接收比特币交易的。地址由一连串的字母和数字组成，也可以用二维码来表示。
Agflation	**农业通胀**是"农业"和"通货膨胀"的组合词，指由农产品需求增加而引起的粮食价格上涨周期。2007—2008年粮食和生物燃料都出现了农业通胀。
Altcoin	**代币**是在比特币之后推出的替代性加密货币。今天，市场上有4,000多种代币，每一种都与比特币有所不同，莱特币就是其中之一。
Backwardation and Contango	**现货升水和期货升水**。在金融领域，现货的即期（或现金）价格与期货的远期价格决定了合约的期限结构。当远期价格低于即期价格时，即为现货升水（例如，三个月后交割的原油远期价格为60美元/桶，而现货的即期价格为70美元/桶）。当远期价格高于即期价格时，即为期货升水（例如，一年内交割的黄金远期价格为1,400美元/盎司，而现货黄金的即期价格为1,300美元/盎司）。期货升水在金融期货和黄金市场中较为常见，而现货升水则常常出现在大宗商品市场中，说明持有现货对投资者更为有利。
Blockchain	**区块链**是不断增加的数据存储列表，每个数据块即为区块，通过加密技术相互链接。区块链是分布式账本技术（DLT）的一种形式，可在不同站点、国家和机构之间，复制、共享和同步数字数据，实现共享。区块链中不存在中央管理员或集中式数据存储。
Bull and Bear Market	**牛市和熊市**描述的是金融市场的总体走势。"牛市"和"熊市"的说法源于两种动物的攻击方式：牛用犄角向上顶，熊用爪子向下挥，象征市场运动的方向。如果趋势向上，那就是牛市。如果趋势向下，那就是熊市。熊市通常是指价格下跌幅度低于近期高点20%及以上，如下跌幅度较小，则属于普通的市场价格修正。

BTC	**比特币**是一种加密货币，一种电子货币形式。1个比特币等于1,000个毫比和1亿个沙托什（satoshi）。目前，1个比特币的价值为4,000美元。
BTFD	"**暴跌抄底**"的缩写，股市术语，指在价格调整期间买入股票或其他资产。
Cornering a Market	**逼仓**是指在金融领域，试图通过对某种资产（如股票、货币或大宗商品）的充分控制，达到操控市场价格的目的；逼仓通常意味着在资产所有权中占主导地位。
(Market) Crash	（市场）**崩盘**是指，在股市、大宗商品市场或加密货币市场中，突发的大规模暴跌，导致投资者账面资产出现重大亏损。恐慌和潜在经济因素推动了市场崩盘，通常发生在市场出现了投机泡沫之后。
Cryptocurrency	**加密货币**是一种数字资产，其设计初衷是作为一种交易媒介，利用高水平加密技术保护金融交易安全，控制创建额外单位，验证资产转移。加密货币是一种替代性的数字货币。不同于法币的集中数字货币和央行体系，加密货币依靠的是去中心化控制。最流行的加密货币是比特币。加密货币通常分为比特币以外的代币（altcoins）和不作为交易媒介的令牌（tokens）。
DYOR	"**自己研究**"（Do Your Own Research）的缩写，常被用于互联网论坛和博客，提醒读者对某一主题做自己的研究，而不要对读到的所有东西都信以为真。
Fiat Currency	**法币**是指"常规"或"正常"货币，如美元、欧元或英镑。法定货币不具备内在价值，由政府负责监管并予以支持。（"fiat"一词来自拉丁语，意思是"谕令"）法币与其他货币不同，不与金银等实物商品挂钩（金本位制），也不具备加密货币的经济价值。
FOMO / JOMO	"**踏空之忧**"（Fear of Missing Out）的缩写。这种恐惧或后悔心理，可能会导致一个人产生难以克制的担忧，生怕自己错过一次社交机会、新奇体验、投资利润或其他任何好事。踏空之忧让人持续怀有对做出错误决策的恐惧。而"**踏空之乐**"（Joy of Missing Out）则指的是因错过产生的喜悦，与前者刚好相反。

FUD	**"恐惧、不确定和怀疑"**（Fear, Uncertainty, and Doubt）的总称，常见于报端，是一种广泛应用于政治、公关、销售、营销和投资的虚假宣传策略。其目的通常在于，通过传播负面或虚假信息，危言耸听，影响人们的认知。
Gold and Silver	**黄金**（代码AU，来自拉丁语的"aurum"）和**白银**（代码AG，来自拉丁语的"Agentum"）属于贵金属。数千年来，一直被用作价值的衡量标准。自公元前6世纪以来，人们就开始不断铸造金币和银币。过去，金本位和银本位曾被作为货币政策的基础制度。1971年的"尼克松冲击"之后，全球金本位正式瓦解，由法定货币制度取而代之。
Gold Standard	**金本位制**是一种货币制度，指一国的货币或纸币价值直接与黄金挂钩。由此还衍生出银本位制和双本位制。大多数国家都先后放弃了将金本位制作为本国的货币体系基础，尽管许多国家都持有大量的黄金储备。第二次世界大战后，布雷顿森林体系创建了一个类似于金本位的货币体系。在该体系之下，多国将本国货币以固定汇率与美元挂钩，各国央行可以按照35美元/盎司的官方价格，将美元兑换成黄金。因此，所有与美元挂钩的货币都具备固定的黄金价值。1971年8月，尼克松总统终止了美元与黄金的可兑换性，标志着浮动汇率的法币制度的开始。
HODL	**"死攥不卖"**（Hold On for Dear Life）的缩写。HODL源于比特币论坛帖子中的一个拼写错误，当时是2013年12月，比特币刚经历了一轮暴跌。随后，该词在币圈变得非常流行，用于鼓励比特币持有者坚决持有，绝不卖出。
ICO	**首次代币发行**（ICO）是指通过发行加密货币进行融资。在ICO中，一定数量的加密货币以代币的形式出售给投资者，以换取法币或其他加密货币，如比特币或以太币。ICO可以为初创公司提供资金来源，而且往往可以回避监管合规审查，也无需风投专家、银行及证交所等中介参与其中。
Long and Short	**多头和空头**是指在交易中，投资者可以持有多头和空头两种头寸。投资者既可以买入一种资产（做多），也可以卖出一种资产（做空）。持有多头头寸的投资者希望价格上涨，持有空头头寸的投资者希望价格下跌，这样才能从中盈利。做空的操作比做多要稍微复杂一些。

Mooning	**"涨到月球"**是指，加密货币突然暴涨。如果有人说，比"特币涨到了月球"，意思是说比特币在一定时间内出现了价格飙升。
Pump and Dump	**拉高出货**是炒股的一种欺诈手段，涉及通过虚假或误导性的声明，人为抬高股价，以便以更高的价格抛售低价时购入的股票。一旦开始抛售被高估的股票，股价就会下跌，并对投资者造成损失。虚假消息或误导性信息可以通过垃圾邮件、社交媒体、互联网论坛或博客等途径传播。这种手段常见于小市值加密货币或规模很小的上市公司，也就是小微股。
Rare Earth Metals or Rare Earth Elements	**稀土金属**，又称**稀土元素**，包括15种镧系元素以及钪和钇，总共17种元素，具体包括：铈、镧、钕、镨、钆、镝、镧、镥、钕、镨、钜、钐、钪、铽、铥、镝、钇。轻稀土元素和重稀土元素存在明显区别。稀土元素广泛应用于高科技领域，如混合动力汽车的电动马达、风力涡轮机、硬盘驱动器、便携式电子产品、麦克风和扬声器等。
Sats	**"沙托什"**的简写，是比特币的最小单位。1个比特币等于1亿个沙托什。这个名字来自比特币发明者的笔名Satoshi Nakamoto。目前，1万个沙托什相当于65美分。
Strong and Weak Hands	**高手和菜鸟**。在金融领域中，高手是指资金充足的投资者或投机者，他们通常是长线交易者，不太可能因为小幅波动就选择平仓。菜鸟则相反。
Rogue Trader	**魔鬼交易员**，指未经授权进行交易的交易者，通常处于民事犯罪和刑事犯罪之间的灰色地带。魔鬼交易员有可能是公司的合法雇员，但却在未经允许的情况下，代表其雇主进行交易。
Tokens	**令牌**是一种特定的资产或程序的数字形式，属于加密货币的一种。令牌基本上可以代表任何可替代、可交易资产，如财产、房地产、商品、会员积分，甚至是其他的加密货币。
USD	**美元**是美国的官方货币。而"元"（dollar）也是其他20多个国家的货币名称，包括加元、澳元、新西兰元等等。1美元等于100美分。

Wallet	**钱包**是指用来存储比特币或其他加密货币的数字钱包。加密货币钱包是一个软件程序，可存储私人和公共密钥，并于各区块链进行互动，使用户能够发送和接受数字货币，并监测余额情况。
Whale	**"鲸鱼"**通常被用来描述市场中的超级玩家或投资者。有人将市场比作"海洋"，将参与者比作大鱼、小鱼和鲨鱼，将波浪比作市场波动，等等。

缩写词表

BMO	蒙特利尔银行
BTC	比特币
CAD	加元
CBOT	芝加哥期货交易所
CHF	瑞士法郎
CME	芝加哥商品交易所
ct.	克拉
DOE	美国能源部
EUR	欧元是欧盟28个成员国中19个国家的官方货币
EVs	电动汽车
FAO	联合国粮农组织
GBP	英镑
ICE	洲际交易所
IEA	国际能源署
kg	千克
lb	磅
LIFFE	伦敦国际金融期货交易所
LME	伦敦金属交易所
LNG	液化天然气
LTCM	长期资本管理公司
NOK	挪威克朗
NYMEX	纽约商业交易所

MMBtu	百万英热单位
OECD	经济合作与发展组织
OPEC	石油输出国组织
oz	金衡盎司
RBC	加拿大皇家银行
USD	美元
USDA	美国农业部
WTI	西得克萨斯中质原油

参考文献

第一章 郁金香狂热：史上最大的金融泡沫（1637年）

Dash, M. *Tulpenwahn. Die verrückteste Spekulation der Geschichte*. München: Claasen Verlag, 1999.

Friedmann, J. "Tulpen-Wahn in Holland—Wie die große Gartenhure Investoren verrückt machte." www.spiegel.de, 1 August 2009.

Von Petersdorff, W. "Eine Blumenzwiebel für 87.000 Euro." www.faz.net, 18 March 2008.

第二章 大米：堂岛会所与"市场之神"（1750年）

Mattheis, P. "Der Reishändler." SZ-Serie: *Die großen Spekulanten* 39. www.sueddeutsche.de, 28 October 2008.

Needham, J. "Samurai trader!" www.financialsense.com, 20 January 2008.

第三章 黄金：加州淘金热（1849年）

Bojanowski, A. "Neuer Goldrausch in Kalifornien—'Es ist wie 1849.'" www.sueddeutsche.de, 17 June 2008.

"Going to California—49ers and the Gold Rush." http://americanhistory.about.com, 2008.

"Gold Rush."The California State Library, www.library.ca.gov/goldrush, 2007.

第四章 小麦："老哈"的生财之道（1849年）

"B. P. Hutchinson dead—once leading grain speculator in this country."*The New York Times*, 17 March 1899.

Ferris, W. G. The Grain Traders. *The Story of the Chicago Board of Trade*. East Lansing: Michigan State University Press, 1988.

Geisst, Charles. *Wheels of fortune—e history of speculation to respectability.*Hoboken, NJ: John Wiley & Sons, 2002.

"The great speculator fails—Mr. Hutchinson leaves Chicago and his trades closed out."*The New York Times*, 30 April 1891.

Teweles, R. J., and Jones, F. J. *The Futures Game—Who Wins? Who Loses? And Why?* New York: McGraw-Hill, 1987.

第五章　原油：洛克菲勒与标准石油（1870年）

King, B. W. "John D. Rockefeller und das Zeitalter des Öls." http://finanzen.coart.de/BrsenKnowHow/Geschichtliches, 18 August 2006.

Kunz, M. "Reichster und meistgehasster Mann der Welt." www.focus.de, 23 May 2008.

第六章　小麦：芝加哥大火（1872年）

Ferris, W. G. *The Grain Traders:The Story of the Chicago Board of Trade*. East Lansing: Michigan State University Press, 1988.

Geisst, C. *Wheels of fortune—The history of speculation to respectability.* Hoboken, NJ: John Wiley & Sons, 2002.

"The wheat corner—sudden collapse of the grain gamblers' schemes in Chicago loss of the clique over USD 1,000,000."*The New York Times*, 23 August 1872.

第七章　原油：点石成金的奥纳西斯（1956年）

"Aristoteles Onassis—Reicher Mann ganz arm." www.stern.de, 13 January 2006.

"Kalkuliertes Risiko." *Der Spiegel* 29 (1978), www.spiegel.de.

Seebach, W. "König Saud und Aristoteles Onassis." *Die Zeit*, www.zeit.de, 17 June 1954.

第八章　大豆：新泽西失踪案（1963年）

Food and Agriculture Organization of the United Nations (FAO), www.fao.org, December 2008.

"The man who fooled everybody." www.time.com, 4 June 1963.

Miller, N. C. *The Great Salad Oil Swindle*. Baltimore: Penguin Books, 1965.

"Wall Street: spreading the losses." www.time.com, 6 December 1963.

第九章　小麦：饥饿的苏联熊（1972年）

"Another Soviet grain sting." www.time.com, 28 November 1977.

The Food and Agriculture Organization of the United Nations (FAO), www.fao.org, December 2008.

Mattheis, P. "Der Turtle-Chef." SZ-Serie: *Die großen Spekulanten* (33), www.sued-deutsche.de, 29 January 2008.

Peters, M., Langley, S., and Westcott, P. "Agricultural commodity price spikes in the 1970s and 1990s." United States Department of Agriculture (USDA), March 2009, www.ers.usda.gov.

第十章　黄金：金本位时代的终结（1973年）

Schulte, T. "Silber—das bessere Gold." Kopp Verlag, 2010.

"Die Silber-Panik" (1893). http://zeitenwende.ch.

"US-Bundesstaaten wollen einen Gold- und Silberstandard." www.bullioninvestor.net, 7 March 2010.

第十一章　原油：70年代的石油危机（1973年、1979年）

"Die Ölkrise 1973." http://zeitenwende.ch, 2009.

Organization of the Petroleum Exporting Countries (OPEC), www.opec.org, 2008.

US Department of Energy, www.eia.doe.gov, 2008.

第十二章　钻石：全球最硬通货的暴跌（1979年）

Grill, B. "Herr der Diamanten." www.zeit.de, 2 October 2003.

"Im Griff des Syndikats." *Der Spiegel* 44 (1989), www.spiegel.de.

Kühner, C. "A diamond's best friend—Antwerpen, Weltzentrum des Diamantenhandels." NZZ Folio, December 1993.

Schulz, B. "Nicholas Oppenheimer—Der Diamantenkönig." www.faz.net, 22 October 2006.

第十三章　白银："银色星期四"与亨特兄弟爆仓（1980年）

Boehringer, S. "Aufstieg mit Öl, Absturz mit Silber." SZ-Serie: *Die großen Spekulanten* 17, www.sueddeutsche.de, 14 May 2008.

"Die Gebrüder Hunt verzocken sich am Silbermarkt." www.faz.net, 26 February 2004.

第十四章　原油：沾满鲜血的石油？（1990年）

"Fünf Jahre Irak-Krieg—Chronik eines umstrittenen Feldzugs." www.spiegel.de, 17 March 2008.

"Der Golfkrieg 1991." www.faz.net, 24 February 2001.

Pollack, K. "Der gefährlichste Mann der Welt." *Der Spiegel 6* (2003), www.spiegel.de.

Pollack, K. *The reatening Storm—e Case for Invading Iraq.* New York: Random House, 2002.

Thmann, M. "Trotz Blut kein Öl." www.zeit.de, 16 June 2009.

第十五章 原油：德国金属公司的厄运（1993年）

Knipp, T. *Der Machtkampf. Der Fall Metallgesellschaft und die Deutsche Bank.* Düsseldorf: Econ Verlag, 1998.

Landler, M. "Spotlight: Heinz Schimmelbusch's comeback." www.nytimes.com, 10 August 2007.

"Metallgesellschaft reports talks with ex-chief fail." *New York Times,* 5 April 1996.

"Missmanagement bei Metallgesellschaft." www.manager-magazin.de, 28 August 2001.

第十六章 白银：三大投资天王（1994年）

Chasan, E. "Apex Silver Mines files for bankruptcy protection." www.reuters.com, 14 January 2009.

Fuerbringer, J. "Buffett likes silver; Soros, a silver mine." www.nytimes.com, 26 March 1998.

Morgenson, G. "Gates putting some money in silver miner." www.nytimes.com, 29 September 1999.

The Silver Institute, www.silverinstitute.org.

Weitzman, H. "Morales pledges to nationalize mining industry in Bolivia." www.ft.com, 9 May 2006.

第十七章 铜："5%先生"搅动风云（1996年）

Bastian, N. "Kupferfinger sucht einen neuen Job." www.handelsblatt.com, 12 December 2005.

www.kupferinstitut.de.

Neidhart, C. "Hamanaka—der Vorstadt-Spießer." SZ-Serie: *Die großen Spekulanten* 2. www.sueddeutsche.de, 29 January 2008.

第十八章 黄金：丛林欢迎你（1997年）

Behar, R. "Jungle Fever." Fortune, 9 June 1997.

BHP Billiton, Minerals Companion, 2006.

"Goldenes Grab." *Der Spiegel* 16 (1997), www.spiegel.de.

Goold, D., and Willis, A. *The Bre-X Fraud.* Toronto: McClelland & Stewart, 1997.

第十九章 钯金：比黄金更昂贵（2001年）

Frank, R. "Eine Seltenheit: Palladium-Münzen." www.moneytrend.at, January 2001.

United Nations Conference on Trade and Development (UNCTAD), Market .

Information in the Commodities Area (InfoComm), www.unctad.org/infocomm.

Wolf, C. "Palladium—Rasante Rekordjagd." www.focus.de, 18 January 2001.

第二十章 铜：人间蒸发的刘其兵（2005年）

"Bad bets in the copper market." www.economist.com, 18 November 2005.

Busch, A. "China treibt den Kupferpreis von allen Seiten in die Höhe." www.handelsblatt.com, 12 December 2005.

Hoffbauer, A. "Die diskreten Kontrakte des Herrn Liu." www.handelsblatt.com, 12 December 2005.

Mortished, C. "City gripped by mystery of the phantom copper dealer." *The Times,* 15 November 2005.

Powell, B. "Buy! Sell! Run!" www.time.com, 20 November 2005.

第二十一章 锌：飓风过后（2005年）

BHP Billiton, Minerals Companion, 2006.

International Lead and Zinc Study Group, www.ilzsg.org, 2009.

London Metal Exchange, www.lme.co.uk, 2009.

"A user guide to commodities." Deutsche Bank, September 2008.

"Zinc in New Orleans flooded warehouses." Reed Business Information, 2009.

"Zinc price soars after New Orleans supply freeze." www.telegraph.co.uk, 7 September 2005.

"Zinc under supply tightness." *Metalworld*, September 2005.

第二十二章　天然气：布莱恩·亨特和不凋花的凋零（2006年）

"Amaranth trading led to MotherRock loss." Bloomberg, 25 June 2007.

Energy Information Administration, www.eia.doe.gov, 2009.

"Hedge-Fonds hat angeblich fünf Milliarden Dollar verwettet." www.handelsblatt.com, 19 September 2006.

"Hedge-Fonds MotherRock schließt." www.handelsblatt.com, 7 August 2006.

"In sieben Tagen 4,5 Milliarden Dollar Verlust." www.manager-magazin.de, 19 September 2006.

"Milliardenverlust von Hedge-Fonds läßt Märkte kalt." www.fazfinance.net, 20 September 2006.

US Department of Energy, www.energy.gov, 2009.

Copeland, R. "Ten years after blowup, Amaranth investors waiting to get money back." *Wall Street Journal*, www.wsj.com/articles/ten-years-after-blowupamaranth-investors-still-waiting-for-money-back-1451524482, 1 January 2016.

第二十三章　橙汁：天公不作美（2006年）

"Orange juice falls." *The New York Times,* 22 January 2004.

"Orange juice rises." *The New York Times*, 14 August 2004.

www.flcitrusmutual.com.

www.nws.noaa.gov.

US Department of Agriculture (USDA). Situation and Outlook for Orange Juice. www.fas.usda.gov, February 2006.

第二十四章　渔业"海狼"：约翰·弗雷德里克森（2006年）

Bomsdorf, B. "John Fredriksen—Milliardär und Tankerkönig." www.welt.de/wirtschaft/article1799093/John-Fredriksen-Milliardaer-und-Tankerkoenig.html, 14 March 2008.

"Kathrine und Cecilie Astrup Fredriksen Schnappen sich diese schönen Milliardärs-Töchter TUI?" www.bild.de/politik/wirtschaft/kaufen-dieseschoenen-milliardaers-toechter-tui-11713918.bild.html, 2 July 2010.

"Lachsfieber: Brisante Recherchen über einen Nahrungsmittelgiganten." www.

ardmediathek.de.

OECD-FAO: Agricultural Outlook 2011–2012. www.fao.org.

第二十五章 钢铁巨头：拉克希米·米塔尔（2006年）

Feel the Steel is the logo of Pittsburgh Steelers (www.steelers.com).

"Arcelor und Mittal. Stahl-Giganten einigen sich auf Fusion." www.spiegel.de/wirtschaft/ arcelor-und-mittal-stahl-giganten-einigen-sich-auffusion-a-423475.html, 25 June 2006.

"Der größte Stahlproduzent der Welt entsteht." http://www.faz.net/aktuell/wirtschaft/ rohstoffe-der-groesste-stahlproduzent-der-welt-entsteht-1192255.html, 25 October 2004.

James, J. "Steel's new spring." Time magazine, www.time.com, 31 October 2004.

Kanter, J., Timmons, H., and Giridharadas, A. "Arcelor agrees to Mittal takeover." www.nytimes.com/2006/06/25/business/worldbusiness/25iht-steel.html, 25 June 2006.

Kroder, T. "Lakshmi Mittal: Der Stahlbaron aus Indien." www.ftd.de, 25 October 2004. www.arcelormittal.com.

"Lakshmi Mittal 'Stahl-Maharadscha' mit Familiensinn." www.stern.de/wirtschaft/ news/lakshmi-mittal--stahl-maharadscha--mit-familiensinn-3498140.html, 27 January 2006.

"Mittal/Arcelor Fusion perfekt." http://www.manager-magazin.de/unternehmen/artikel/ a-428605.html, 26 July 2006.

Zitzelsberger, G. "Fusion der Stahlgiganten. Ein moderner Maharadscha." www.sued-deutsche.de/wirtschaft/fusion-der-stahlgiganten-ein-modernermaharadscha-1.819924, 5 December 2008.

第二十六章 原油："七姐妹"归来（2007年）

Hoyos, C. "The evolution of the Seven Sisters." www.ft.com/content/2103f4dac-d8e-11db-839d-000b5df10621, 11 March 2007.

Hoyos, C. "The new Seven Sisters: oil and gas giants dwarf western rivals." www. ft.com/content/471ae1b8-d001-11db-94cb-000b5df10621, 12 March 2007.

"Petro-China—Das teuerste Unternehmen der Welt." www.faz.net, 5 November 2007.

"The Seven Sisters still rule." www.time.com, 9 September 1978.

Vardy, N. "The new Seven Sisters: today's most powerful energy companies."

https://seekingalpha.com/article/30922-the-new-seven-sisters-todays-mostpowerful-energy-companies, 28 March 2007.

第二十七章 小麦：澳大利亚的"千年大旱"（2007年）

"Dried up, washed out, fed up."The Economist, 4 October 2007.

"Dramatische Dürre." www.spiegel.de, 20 April 2007.

"Dürre in Australien." www.faz.net, 10 November 2006.

"Dürre in Australien." www.stern.de, 2 January 2007.

"Dürre treibt Bauern in den Selbstmord." www.stern.de, 24 October 2006.

"Extremwetter—Jahrtausend-Dürre in Australien." www.spiegel.de, 7 November 2006.

International Grains Council (IGC), www.igc.org.uk, 2009.

"Der Weizenpreis läuft von Rekord zu Rekord." www.faz.net, 26 February 2008.

第二十八章 天然气：加拿大丑闻余波（2007年）

"BMO Financial hikes commodity-trading loss view." Reuters, May 2007.

"BMO says commodity-trading losses to dent profit." Reuters, April 2007.

"Ex-BMO trader gets fine." www.thestar.com, 7 November 2009.

"How did BMO's USD450M loss just materialize?" Financial Post, April 2007.

第二十九章 铂金：南非电荒（2008年）

Cotterill, J. "S Africa power monopoly too big to fail." Financial Times, 6 February 2019.

"Eskom says SA needs 'at least' 40 new coal mines." www.mg.co.za, 8 August 2009.

Johnson Matthey, www.matthey.com, 2009.

London Platinum and Palladium Market, www.lppm.org.uk, 2009.

"Stromausfall in Südafrika erreicht Rohstoffmärkte." www.fazfinance.net, 25 January 2008.

第三十章 大米：泰国米神（2008年）

Müller, O. "Angst vor Hungersnot—Hoher Reispreis macht Asien nervös." www.handelsblatt.com, 9 April 2008.

"USA rechnen mit mehr als 100.000 Toten." www.focus.de, 7 May 2008.

第三十一章　小麦：做空之祸（2008年）

"Rohstoffmärkte sind spekulativ überhitzt." www.faz.net, 6 March 2008.

"Rogue trader rocks firm—Huge wheat futures loss stuns MF Global." www.chicagotribune.com, 29 February 2008.

第三十二章　原油：WTI期货升水（2009年）

Baskin, B. "Oil stored at sea washes out rallies." http://online.wsj.com, 5 February 2009.

Bayer, T. "'Super-Contango'—Unternehmen bunkern Öl." www.ftd.de, 8 December 2008.

Hecking, C., and Bayer, T. "Abgeschmiert in der Prärie." www.ftd.de, 19 January 2009.

第三十三章　糖：季风何日来（2010年）

Abraham, T. K. "World sugar shortage to extend a third year." Bloomberg, 29 January 2010.

Hein, C. "Indien betet für einen stärkeren Monsun." www.faz.net, 12 August 2009.

Kazim, H. "Dürre bedroht Indiens Wirtschaft." www.spiegel.de, 18 August 2009.

Lembke, J. "Der Zuckerpreis ist kaum zu stoppen." www.faz.net, 7 August 2009.

Mai, C. "Zuckerpreis erreicht 25-Jahres-Hoch." www.ftd.de, 3 August 2009.

Merkel, W. "In Indien und Australien wird die Dürre noch größer." www.welt.de, 24 September 2009.

Stern, N. "Ernteausfälle in Indien treiben Zuckerpreis." http://diepresse.com, 16 August 2009.

第三十四章　可可：巧克力手指（2010年）

"Kakao als Spielball der Spekulation." www.faz.net, 20 July 2010.

Marron, D. "e cocoa corner: Is Choc Finger down USD 150 million?" http://seekingalpha.com, 26 July 2010.

Murugan, S. "What's driving cocoa?" http://seekingalpha.com, 4 August 2010.

"Sweet dreams. A hedge fund bets big on chocolate." www.economist.com/finance-and-economics/2010/08/05/sweet-dreams, 7–13 August 2010. Werdigier, J., and Creswell, J. "Trader's cocoa binge wraps up chocolate market."

www.nytimes.com, 24 July 2010.

第三十五章　铜：刚果之王（2010年）

"Congo—Africa's disaster." www.independent.co.uk/voices/editorials/leadingarticle-congo-africas-disaster-2013789.html, 30 June 2010. "Kongo will mehr von eigenen Rohst-offen profitieren." www.gtai.de, 24 June 2010.

MacNamara, W., and Johnson, M. "Disquiet over ENRC's purchase of Congo assets." www.ft.com/content/19fe6f94-b791-11df-8ef6-00144feabdc0, 3 September 2010.

MacNamara, W., and ompson, C. "Congo seizes First Quantum Minerals' assets." www.ft.com/content/27d6e104-b530-11df-9af8-00144feabdc0, 31 August 2010.

Thompson, C., and MacNamara, W. "ENRC buys into disputed Congo project." www.ft.com/content/870a8b2a-acda-11df-8582-00144feabdc0, 21 August 2010.

第三十六章　原油："深水地平线"泄漏事故（2010年）

"780 Millionen Liter—die bisher größte Ölpest aller Zeiten." www.zeit.de/wissen/umwelt/2010-08/bp-oelloch-leck-verzoegerung, 3 August 2010.

Bethge, P., and Meyer, C. "Die Alptraum-Bohrung." www.spiegel.de/spiegel/a-713063.html, 23 August 2010.

"Ölkatastrophe im Golf von Mexiko Alarm auf Bohrinsel war offenbar abgeschaltet." www.spiegel.de/wissenschaft/natur/oelkatastrophe-im-golfvon-mexiko-alarm-auf-bohrinsel-war-offenbar-abgeschaltet-a-708247.html, 24 July 2010.

"Ölpest im Golf von MexikoAuch BP macht die Katastrophe jetzt Angst." www.stern.de/panorama/wissen/natur/oelpest-im-golf-von-mexiko-auch-bpmacht-die-katastrophe-jetzt-angst-3284936.html, 30 May 2010.

"Ölpest im Golf von Mexiko BP-Experten durchtrennen leckendes Öl-Rohr." www.spiegel.de/wissenschaft/natur/oelpest-im-golf-von-mexiko-bpexperten-durchtrennen-leckendes-oel-rohr-a-698597.html, 3 June 2010.

"'Static Kill' erfolgreich. BP stopft Öl-Bohrloch." www.stern.de/panorama/wissen/natur/-static-kill--erfolgreich-bp-stopft-oel-bohrloch-3537142.html, 4 August 2010.

第三十七章　棉花：白色黄金（2011年）

Cancryn, A., and Cui, C. "Flashback to 1870 as cotton hits peak." www.wsj.com/articles/SB10001424052748704300604575554210569885910, 16 October 2010.

Cui, C. "Chinese take a cotton to hoarding." www.wsj.com/articles/SB10001424052748

70468060457611042377349298, 29 January 2011.

Industrievereinigung Chemiefaser e.V. (IVC), www.ivc-ev.de.

National Cotton Council of America, www.cotton.org.

Pitzke, M. "Preisexplosion bei Baumwolle Das Ende der Billig-Jeans." http://www.spiegel.de/wirtschaft/unternehmen/preisexplosion-bei-baumwolle-dasende-der-billig-jeans-a-696579.html, 25 May 2010.

United States Department of Agriculture, www.usda.gov.

White, G. "Cotton price causes 'panic buying' as nears 150-year high." www.telegraph.co.uk/finance/markets/8301886/Cotton-price-causes-panicbuying-as-nears-150-year-high.html, 4 February 2011.

Wollenschlaeger, U. "Baumwolle: Auf Rekordpreise folgt Rekordproduktion." www.textilwirtschaft.de/business/unternehmen/Baumwolle-AufRekordpreise-folgt-Rekordproduktion-69081?crefresh=1, 9 March 2011.

第三十八章　嘉能可：巨头诞生（2011年）

Ammann, D. "King of Oil." Orell Füssli Verlag, Zurich, 2010.

Ammann, D. "Marc Rich: Der mann, der seinen Namen verlor." www.weltwoche.ch, 23 May 2007.

Honigsbaum, M. "e Rich list." In *The Observer*, www.guardian.co.uk, 13 May 2001.

"Rohstoffhändler Marc Rich gestorben." www.srf.ch/news/wirtschaft/rohstoffhaendler-marc-rich-gestorben, 27 June 2013.

Schärer, A. "Die Erben des Marc Rich." www.woz.ch, 13 December 2001.

"Warum Marc Rich bei Madoff rechtzeitig ausstieg." www.tagesanzeiger.ch/wirtschaft/unternehmen-und-konjunktur/Warum-Marc-Rich-bei-Madoff-rechtzeitig-ausstieg/story/30815433, 27 January 2011.

第三十九章　稀土热：钕、镝和镧（2011年）

Quote from: J. Perkowski, *Behind China's Rare Earth Controversy*. http://www.forbes.com/sites/jackperkowski/2012/06/21/behind-chinas-rare-earthcontroversy/#e5aaecd16b82, 21 June 2012.

Blank, G. "Wichtiger Rohstoff Seltene Erden. Knappheit made in China." www.stern. de/digital/computer/wichtiger-rohstoff-seltene-erden-knappheit-madein-china-3874186.html, 29 December 2010.

"Chinas schwere Hand auf den seltenen Erden." www.nzz.ch/chinas_schwere_hand_auf_den_seltenen_erden-1.8096711, 22 October 2010.

Geinitz, C. "Streit mit China um seltene Erden spitzt sich zu." www.faz.net/aktuell/wirtschaft/rohstoffe-streit-mit-china-um-seltene-erden-spitztsich-zu-13091.html, 25 October 2010.

Jung, A. "Rohstoffe. Wettlauf der Trüffelschweine," www.spiegel.de/spiegel/print/d-75159727.html, 15 November 2010.

Liedtke, M., and Elsner, H. "Seltene Erden," Bundesanstalt für Geowissenschaften und Rohstoffe." www.bgr.bund.de, 20 November 2009.

Lohmann, D. "Kampf um Seltene Erden. Hightech-Rohstoffe als Mangelware." www. scinexx.de/dossier-540-1.html, 13 May 2011.

Mayer-Kuckuk, F. "Strategische Metalle China verknappt Molybdän-Förderung." www. handelsblatt.com/finanzen/maerkte/devisen-rohstoffe/strategischemetalle-china-verknappt-molybdaen-foerderung/3579078.html?ticket=ST-1201086-huIl3W7cP5RSMLdwDNFj-ap3, 1 November 2010.

第四十章　原油：消化过剩库存（2016年）

Cunningham, N. "OPEC: the oil glut is gone." https://oilprice.com/Energy/Crude-Oil/OPEC-e-Oil-Glut-Is-Gone.html, 14 May 2018.

Cunningham, N. "e world is not running out of storage space for oil." https://oilprice.com/Energy/Energy-General/e-World-Is-Not-Running-Out-OfStorage-Space-For-Oil.html, 21 January 2016.

Dennin, T. "e dawn of a new cycle in commodities." Research Paper, Tiberius Asset Management AG, April 2016.

EIA. "Crude oil prices to remain relatively low through 2016 and 2017." www.eia.gov/todayinenergy/detail.php?id=24532, 13 January 2016.

El Gamal, R., Lawler, A., and Ghaddar, A. "OPEC in first joint oil cut with Russia since 2001," Saudis take 'big hit.'" www.reuters.com/article/us-opecmeeting-idUSKBN13P0JA, 30 November 2016.

Raval, A. "'Oil market glut will persist through 2016,' says IEA." www.ft.com/content/e27ff724-717e-11e5-9b9e-690fdae72044, 13 October 2015.

Shenk, M. "WTI crude falls to 12-year low at $26.14 per barrel." www.bloomberg.com/news/articles/2016-02-10/oil-holds-losses-near-3-weeklow-amid-record-cushing-supplies, 11 February 2016.

第四十一章　电气化：电池金属的演变（2017年）

Autoverkäufe 2017. "Mercedes fährt BMW und Audi davon." cwww.abendblatt.de/wirtschaft/article213089441/BMW-verkauft-so-viele-Autos-wie-nie.html, 12 January 2018.

BNEF New Energy Outlook, https://about.bnef.com/new-energy-outlook,16 August 2018.

Hull, D., and Recht, H. "Tesla doesn't burn fuel, it burns cash." www.bloomberg.com/graphics/2018-tesla-burns-cash, 3 May 2018.

Kraftfahrtbundesamt, www.kba.de.

第四十二章　加密货币：比特币和新兴电子货币热潮（2018年）

Akolkar, B. "China officially bans all crypto-related commercial activities." 22 August 2018, https://bitcoinist.com/china-officially-bans-crypto-activities/.

"Comparing 25 of the biggest cryptocurrencies." World Economic Forum, March 2018, www.weforum.org/agenda/2018/03/comparing-the-25-most-notable-cryptocurrencies.

"Cryptoprimer." www.investopedia.com/tech/crypto-primer-currencies-commodities-tokens/#ixzz5HfVcEWBS.

Kharif, O. "e bitcoin whales: 1,000 people who own 40 percent of the market." https://www.bloomberg.com/news/articles/2017-12-08/the-bitcoin-whales-1-000-people-who-own-40-percent-of-the-market, 8 December 2017.

Kharpal, A. (2017): "Founders of a cryptocurrency backed by Floyd Mayweather charged with fraud by SEC." www.cnbc.com, 3 April 2017.

Lee, J. "Mystery of the $2 billion bitcoin whale that fueled a selloff." https://www.bloomberg.com/news/articles/2018-09-13/mystery-of-the-2-billion-bitcoinwhale-that-fueled-a-selloff, 13 September 2018.

Meyer, D. "China enlists its 'great firewall' to block bitcoin websites." http://fortune.com/2018/02/05/bitcoin-china-website-ico-block-ban-firewall/, 5 February 2018.

Paul, A. "It's 1994 In cryptocurrency." www.forbes.com/sites/apaul/2017/11/27/its-1994-in-cryptocurrency/#7a81d58eb28a, 27 November 20017.

Potter, S., and White, T. "No end in sight for crypto sell-off as bitcoin breaches $4,250." www.bloomberg.com/news/articles/2018-11-20/no-end-in-sight-for-crypto-sell-off-as-tokens-take-fresh-hit.

Shiller, R. "Irrational exuberance." Crown Business, 9 May 2006.